クとトクイになる！ 小学ハイレベルワーク

1年 国語 もくじ

特別ふろく

1 巻末ふろく しあげのテスト
2 WEBふろく 自動採点CBT

WEB CBT(Computer Based Testing)の利用方法

コンピュータを使用したテストです。パソコンで下記WEBサイトへアクセスして，アクセスコードを入力してください。スマートフォンでのご利用はできません。

アクセスコード／Akbbba58

https://b-cbt.bunri.jp

編集協力：岡崎千佳子／イラスト：ユニックス

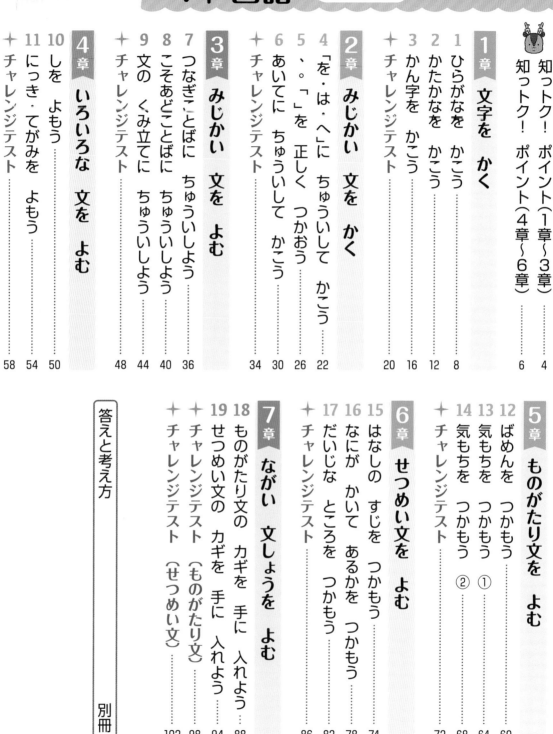

この本の特長と使い方

この本の構成

知っトク！ ポイント

この本で学習《がくしゅう》する内容《ないよう》を章《しょう》ごとにまとめたページです。覚《おぼ》えておくべきことや問題《もんだい》を解《と》くうえで役立《やくだ》つポイントなどが書いてあります。よく読んでから学習《がくしゅう》を始《はじ》めましょう。

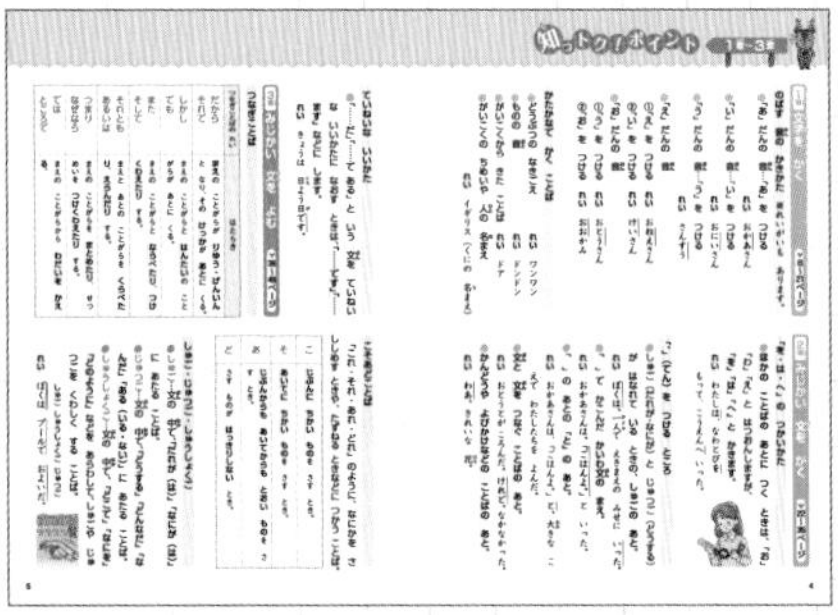

標準レベル

実力《じつりょく》を身《み》につけるためのステージです。教科書レベルの学習内容《がくしゅうないよう》で、土台となる基礎《きそ》的《てき》な力を養《やしな》います。わからなくなったときは、「知っトク！ ポイント」に戻《もど》って確《かく》認《にん》しましょう。

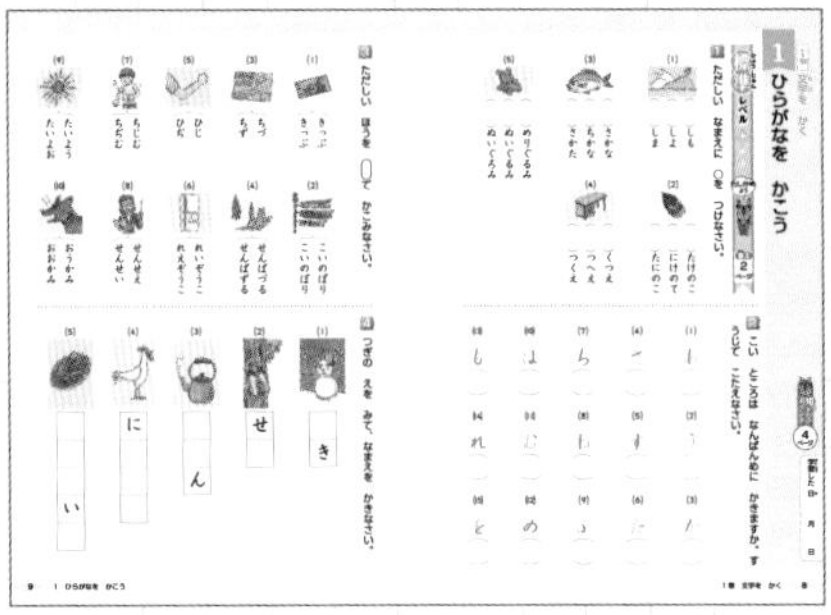

！ヒント

標準《ひょうじゅん》レベルには問題《もんだい》を解《と》くためのヒントがあります。解《と》き方のポイントや注目《ちゅうもく》すべき点などが書いてありますので、参考《さんこう》にしながら解《と》いてみましょう。

とりはずし式 答えと考え方

ていねいな解説《かいせつ》で、解《と》き方や考え方をしっかりと理解《りかい》することができます。まちがえた問題《もんだい》は、時間をおいてから、もう一度《いちど》チャレンジしてみましょう。

注意する言葉

読解問題《どっかいもんだい》の文章《ぶんしょう》から、覚《おぼ》えておきたい言葉《ことば》を取《と》り上げています。辞書《じしょ》で意味《いみ》を調《しら》べて、語彙力《ごいりょく》をみがきましょう。

『トクとトクイになる！小学ハイレベルワーク』は，教科書レベルの問題《もんだい》ではもの足りない，難《むずか》しい問題《もんだい》にチャレンジしたいという方を対象《たいしょう》としたシリーズです。段階別《だんかいべつ》の構成《こうせい》で，無理《むり》なく力をのばすことができます。問題《もんだい》にじっくりと取《と》り組むという経験《けいけん》によって，知識《ちしき》や問題《もんだい》を解《と》く力だけでなく，「考える力」「判断《はんだん》する力」「表現《ひょうげん》する力」の基礎《きそ》も身《み》につき，今後の学習《がくしゅう》をスムーズにします。

ハイレベル

少し難度《なんど》の高い問題《もんだい》を練習《れんしゅう》して、応用力《おうようりょく》を養《やしな》うためのステージです。ハイレベルな問題《もんだい》を解《と》くことで、実力《じつりょく》の完成《かんせい》をめざします。

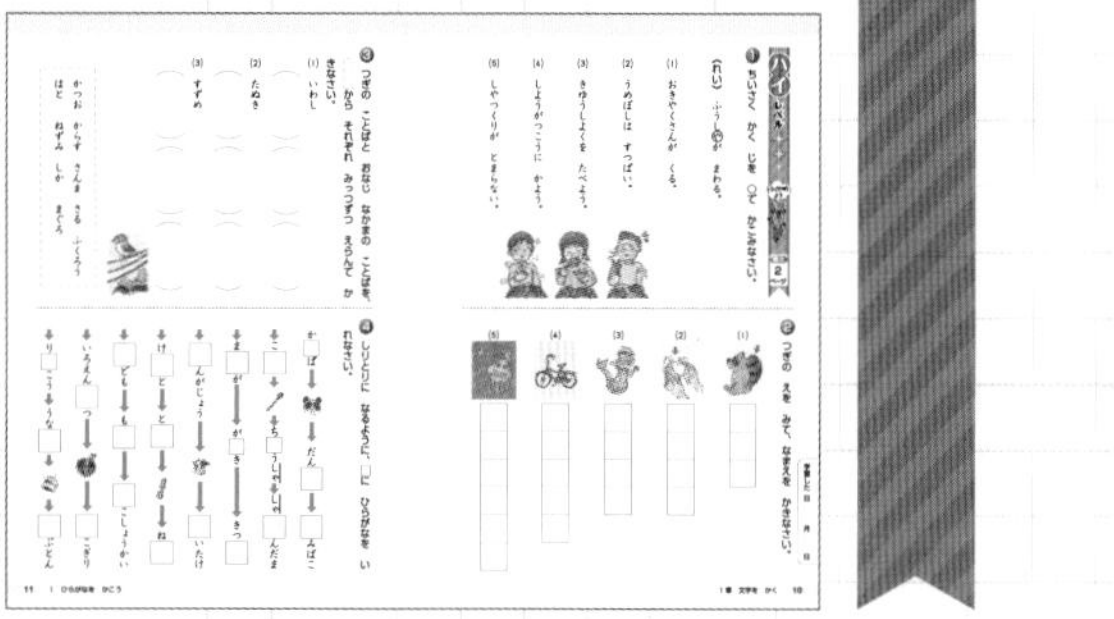

チャレンジテスト

テスト形式《けいしき》で、章《しょう》ごとの学習《がくしゅう》内容《ないよう》を確認《かくにん》するステージです。時間をはかって取《と》り組んでみましょう。発展的《はってんてき》な問題《もんだい》にも挑戦《ちょうせん》することで、実践力《じっせんりょく》を養《やしな》うことができます。

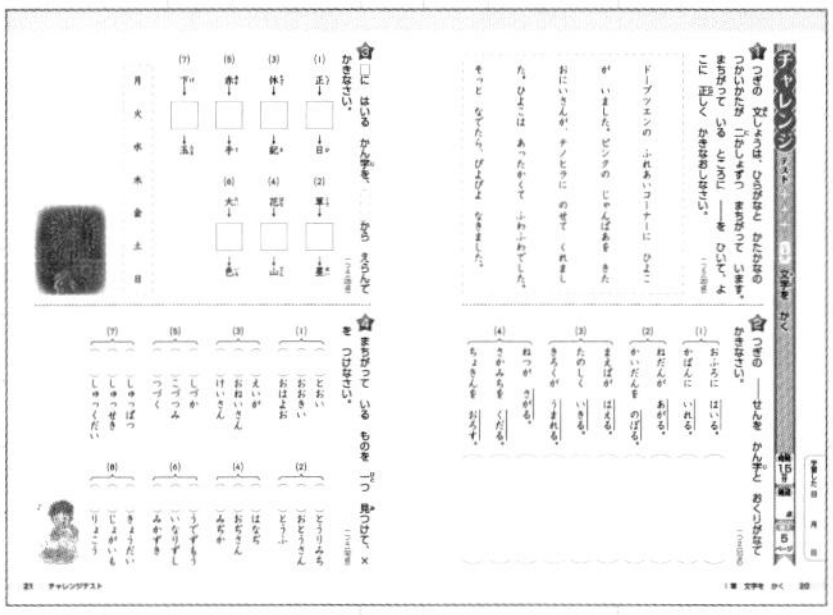

役立つふろくで、レベルアップ！

① トクとトクイに！ しあげのテスト

この本で学習《がくしゅう》した内容《ないよう》が確認《かくにん》できる、まとめのテストです。学習内容《がくしゅうないよう》がどれくらい身《み》についたか、力を試《ため》してみましょう。

② 一歩先のテストに挑戦！ 自動採点CBT

コンピュータを使用《しよう》したテストを体験《たいけん》することができます。専用《せんよう》サイトにアクセスして、テスト問題《もんだい》を解《と》くと、自動採点《じどうさいてん》によって得意《とくい》なところ（分野《ぶんや》）と苦手《にがて》なところ（分野《ぶんや》）がわかる成績表《せいせきひょう》が出ます。

「CBT」とは？

「Computer Based Testing」の略称《りゃくしょう》で、コンピュータを使用《しよう》した試験方式《しけんほうしき》のことです。受験《じゅけん》、採点《さいてん》、結果《けっか》のすべてがWEB上で行われます。

専用《せんよう》サイトにログイン後、もくじに記載《きさい》されているアクセスコードを入力してください。

https://b-cbt.bunri.jp

※本サービスは無料ですが，別途各通信会社からの通信料がかかります。
※推奨動作環境：画角サイズ　10インチ以上　　横画面
［PCのOS］Windows10以降　　［タブレットのOS］iOS14以降
［ブラウザ］Google Chrome（最新版）　Edge（最新版）　safari（最新版）
※お客様の端末およびインターネット環境によりご利用いただけない場合，当社は責任を負いかねます。
※本サービスは事前の予告なく，変更になる場合があります。ご理解，ご了承いただきますよう，お願いいたします。

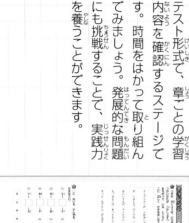

1章《しょう》 文字《もじ》を かく
▼8〜21ページ

のばす 音《おん》の かきかた ※れいがいも あります。

● 「あ」だんの 音《おん》…「あ」を つける　**れい** おかあさん

● 「い」だんの 音《おん》…「い」を つける　**れい** おにいさん

● 「う」だんの 音《おん》…「う」を つける　**れい** さんすう

● 「え」だんの 音《おん》
①「え」を つける　**れい** おねえさん
②「い」を つける　**れい** けいさん

● 「お」だんの 音《おん》
①「う」を つける　**れい** おとうさん
②「お」を つける　**れい** おおかみ

かたかなで かく ことば

● どうぶつの なきごえ　**れい** ワンワン

● ものの 音《おと》　**れい** ドンドン

● がいこくから きた ことば　**れい** ドア

● がいこくの ちめいや 人《ひと》の 名《な》まえ　**れい** イギリス（くにの 名《な》まえ）

2章《しょう》 みじかい 文《ぶん》を かく
▼22〜35ページ

「を・は・へ」の つかいかた

● **ほかの ことばの あとに つく ときは、「お」「わ」「え」と はつおんしますが、「を」「は」「へ」と かきます。**

れい わたしは、なわとびを もって、こうえんへ いった。

「、」（てん）を つける ところ

● **しゅご（だれが・なにが）と じゅつご（どうする）が はなれて いる ときの、しゅごの あと。**

れい ぼくは、一人《ひとり》で えきまえの みせに いった。

● **「　」で かこんだ かいわ文《ぶん》の まえ。**

れい おかあさんは、「ごはんよ。」と いった。

● **「　」の あとの 「と」の あと。**

れい おかあさんは、「ごはんよ。」と、大《おお》きな こえで わたしたちを よんだ。

● **文《ぶん》と 文《ぶん》を つなぐ ことばの あと。**

れい おとうとが ころんだ。けれど、なかなかった。

● **かんどうや よびかけなどの ことばの あと。**

れい わあ、きれいな 花《はな》。

ていねいな いいかた

●「……だ」「……である」と いう 文《ぶん》を ていねいな いいかたに なおす ときは、「……です」「……ます」などに します。

れい　きょうは 日《にち》よう日《び》です。

3章《しょう》 みじかい 文《ぶん》を よむ

▼36〜49ページ

つなぎことば

つなぎことばの れい	はたらき
だから それで	まえの ことがらが りゆう・げんいんと なり、その けっかが あとに くる。
しかし でも	まえの ことがらと はんたいの ことがらが あとに くる。
また そして	まえの ことがらと ならべたり、つけくわえたり する。
それとも あるいは	まえと あとの ことがらを くらべたり、えらんだり する。
つまり なぜなら	まえの ことがらを まとめたり、せつめいを つけくわえたり する。
では ところで	まえの ことがらから わだいを かえる。

こそあどことば

「これ・それ・あれ・どれ」のように、なにかを さししめす ときや、たずねる ときなどに つかう ことば。

こ	じぶんに ちかい ものを さす とき。
そ	あいてに ちかい ものを さす とき。
あ	じぶんからも あいてからも とおい ものを さす とき。
ど	さす ものが はっきりしない とき。

しゅご・じゅつご・しゅうしょくご

●しゅご…文《ぶん》の 中《なか》で、「だれが（は）」「なにが（は）」に あたる ことば。

●じゅつご…文《ぶん》の 中《なか》で、「どうする」「どんなだ」「なんだ」「ある（いる・ない）」に あたる ことば。

●しゅうしょくご…文《ぶん》の 中《なか》で、「どこで」「なにを」「どのように」などを あらわして、しゅごや じゅつごを くわしく する ことば。

れい　ぼくは（しゅご） プールで（しゅうしょくご） およいだ（じゅつご）。

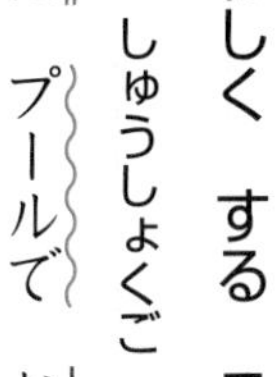

4章《しょう》 いろいろな 文《ぶん》を よむ

▼50～59ページ

しの よみとりかた

(1) しに えがかれた ものを とらえます。

● だいめいや くりかえし 出《で》て くる ことばに ちゅうもくします。

● えがかれて いる ものの いろ、かたち、うごき、音《おと》などを おもいえがきましょう。

(2) しの まとまりを とらえます。

● しの 「連《れん》」（一《いち》ぎょう空《あ》きで くぎられた まとまり）に ちゅうもくします。

(3) リズムを とらえます。

リズムが かんじられる ひょうげん

・おなじ ことばが くりかえされて いる。

れい　花《はな》が さいた　花《はな》が さいた

・一《いち》ぎょうの 音《おん》の かずが おなじで ある。

れい　きのう おとした 手《て》ぶくろを
だれか ひろって くれたかな

・くみ立《た》てが よく にた ひょうげんを ならべて いる。

れい　かぜが そよそよと ふく
うみが きらきらと ひかる

5章《しょう》 ものがたり文《ぶん》を よむ

▼60～73ページ

ものがたり文《ぶん》の よみとりかた

(1) とうじょうじんぶつ（出《で》て くる 人《ひと》）を とらえます。

● とうじょうじんぶつの 名《な》まえや、名《な》まえを あらわす ひょうげんに ちゅうもくします。

● 主人公《しゅじんこう》（ものがたりの ちゅうしんに なる 人《ひと》）が だれかを とらえます。また、主人公《しゅじんこう》と、ほかの 人《ひと》との かんけいを とらえます。

「ぼく」=「たけし」

(2) ばめん・じょうけいを とらえます。

＊ばめん…その ば の ようすの こと。

＊じょうけい…人《ひと》の 気《き》もちが あらわれて いる、ふうけいや ばめんの ようすの こと。

● 「いつ」「どこで」「だれが」「どうした」の 四《よっ》つに ちゅういして とらえます。

● ばめんは、つぎのような ところで かわります。

・じかんが たつ
・ばしょが かわる
・あたらしい 人《ひと》が 出《で》て くる

(3) 気《き》もちを　とらえます。

● つぎのような　ところに　ちゅうもくします。

・**気《き》もちを　ちょくせつ　あらわす　ことば。**

れい　うれしい・かなしい

・とうじょうじんぶつの　**かいわや、こころの　中《なか》の　こえ。**

れい　おとうとは、「やった！」と　いった。

・とうじょうじんぶつの　**ひょうじょうや　こうどう、ようす。**

れい　あかねちゃんは　にっこり　わらって、ばんざいを　した。

・**じょうけいの**　えがかれかた。

6章《しょう》 せつめい文《ぶん》を　よむ

▼74～87ページ

せつめい文《ぶん》の　よみとり

(1) わだいを　とらえます。

● 文《ぶん》しょうの　はじめの　ほうの、**「なぜ……でしょう。」**や**「……に　ついて　見《み》て　いきましょう。」**などの　文《ぶん》に　ちゅうもくします。

● **くりかえし　出《で》て　くる　ことば**に　ちゅうもくします。

(2) だいじな　ところを　とらえます。

● **つなぎことば**に　ちゅうもくして、文《ぶん》と　文《ぶん》との　かんけいを　とらえます。

れい　「なぜなら」→りゆうを　のべる。

れい　「たとえば」→まえの　ないようの　れいを　あげる。

れい　「つまり」→まえの　ないようを　まとめる。

● **こそあどことば**に　ちゅうもくして、せつめいされて　いる　ないようを　正《ただ》しく　とらえます。

れい　ボウルに　たまごを　わります。それを　はしで　かきまぜます。（それ＝わった　たまご）

● **かんがえを　のべる　ときの　ひょうげん**に　ちゅうもくします。

れい　……と　おもう。

れい　……するべきだ。

れい　……だろう。

● まとまりの　**ちゅうしんと　なる　文《ぶん》や　ことば**を　見《み》わけます。まとまりの　さいごの　「つまり」などの　あとに、だいじな　ことが　かかれて　いる　ばあいが　あります。

1 ひらがなを かこう

標準《ひょうじゅん》レベル

たしかめよう

答《こた》え 2ページ

1 ただしい なまえに ○を つけなさい。

(1)

( ) しも
( ) しよ
( ) しま

(2)

( ) たけのこ
( ) にけので
( ) たにのこ

(3)

( ) さかな
( ) ちかな
( ) さかた

(4)

( ) くつえ
( ) つへえ
( ) つくえ

(5)

( ) めりぐるみ
( ) ぬいぐるみ
( ) ぬいぐろみ

2 こい ところは なんばんめに かきますか。すうじで こたえなさい。

(1) あ ( )
(2) う ( )
(3) か ( )
(4) さ ( )
(5) す ( )
(6) た ( )
(7) ち ( )
(8) ね ( )
(9) ふ ( )
(10) ほ ( )
(11) む ( )
(12) め ( )
(13) も ( )
(14) れ ( )
(15) を ( )

知っトク!ポイント 4ページ

学習《がくしゅう》した日《ひ》 月 日

3 ただしい ほうを ( ) で かこみなさい。

(1)

きっぷ
きっぶ

(2)
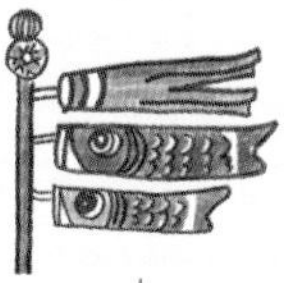
こいのぽり
こいのぼり

(3)

ちづ
ちず

(4)

せんばづる
せんばずる

(5)
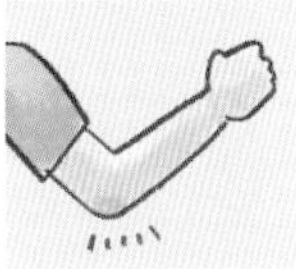
ひじ
ひぢ

(6)

れいぞうこ
れえぞうこ

(7)

ちじむ
ちぢむ

(8)

せんせえ
せんせい

(9)

たいよう
たいよお

(10)

おうかみ
おおかみ

4 つぎの えを みて、なまえを かきなさい。

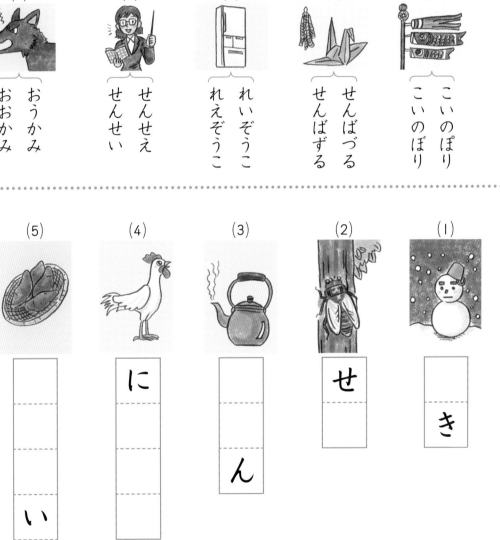

(1)

□き

(2)

せ□

(3)

□□ん

(4)

に□□□

(5)
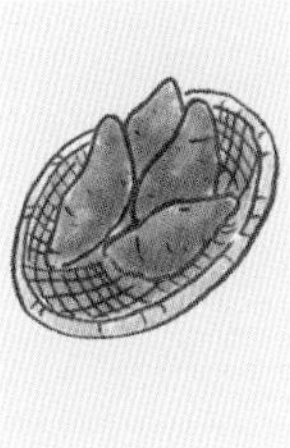
□□□い□

ハイレベル ふかめよう

答え 2ページ

1 ちいさく かく じを ○で かこみなさい。

《れい》 ふうしやが まわる。

(1) おきやくさんが くる。

(2) うめぼしは すつぱい。

(3) きゆうしよくを たべよう。

(4) しようがつこうに かよう。

(5) しやつくりが とまらない。

2 つぎの えを みて、なまえを かきなさい。

(1)

(2)

(3)

(4)

(5)

学習した日　月　日

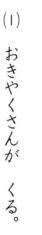

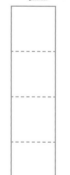

3 つぎの ことばと おなじ なかまの ことばを、□から それぞれ みっつずつ えらんで かきなさい。

(1) いわし （　　）（　　）（　　）

(2) たぬき （　　）（　　）（　　）

(3) すずめ （　　）（　　）（　　）

かつお　からす　さんま　さる　ふくろう
はと　ねずみ　しか　まぐろ

---

4 しりとりに なるように、□に ひらがなを いれなさい。

か□ぱ →  → だん□ → □ → □みばこ

→ こ□ →  → ち□うしゃ → しゃ□んだま

→ ま□が → が□き → きつ□

→ □んがじょう →  → □ → □いたけ

→ け□と → と□ →  → ね□

→ □ども → も□ → □ → □こしょうかい

→ いろえん□つ →  → □こぎり

→ り□こう → うな□ →  → □ぶとん

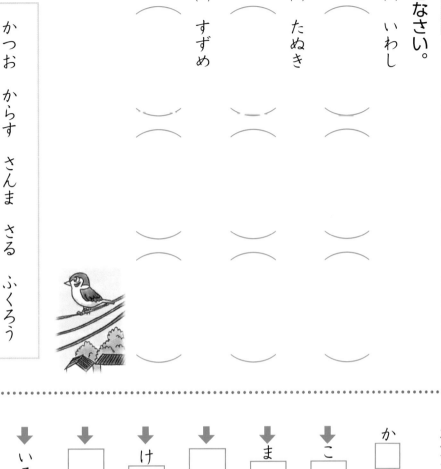

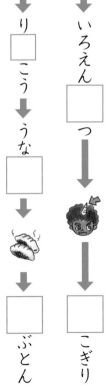

2 かたかなを かこう

標準レベル

たしかめよう

答え 3ページ

学習した日　月　日

1 えの なまえを かたかなで かきなさい。

(1) 

(2) 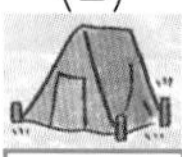

(3) 

(4) 

(5) 

(6) 

(7) 

(8) 

2 ただしい かきじゅんを すうじで こたえなさい。

知っトク！ポイント 4ページ

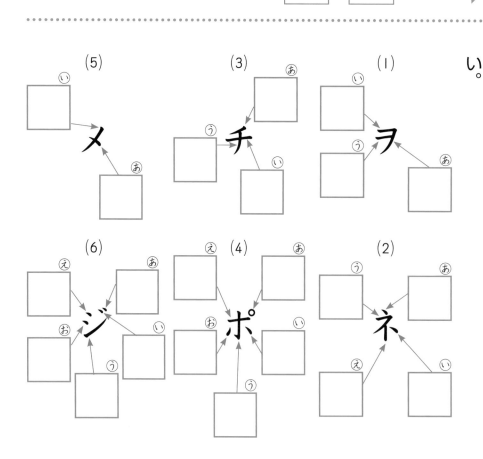

(1) ヲ　あ　い　う

(2) ネ　あ　い　う　え

(3) チ　あ　い　う

(4) ポ　あ　い　う　え　お

(5) メ　あ　い

(6) ジ　あ　い　う　え　お

3 つぎの　ひらがなを　かたかなで　かきなおしなさい。

(1) かぬう（　　）

(2) さらだ（　　）

(3) ぜりい（　　）

(4) すいっち（　　）

(5) しゃんぷう（　　）

(6) びすけっと（　　）

(7) めにゅう（　　）

(8) あすぱらがす（　　）

4 ただしい　ほうに　○を　つけなさい。

(1)

（　）チーズ
（　）テーズ

(2)

（　）ココマ
（　）ココア

(3)

（　）クッペン
（　）ワッペン

(4)

（　）ヨット
（　）モット

(5)

（　）パセリ
（　）パヤリ

(6)

（　）ラヅオ
（　）ラジオ

(7)

（　）ラクレレ
（　）ウクレレ

(8)

（　）ストーブ
（　）ヌトーブ

(9)

（　）ヘリコプター
（　）ヘソコプター

(10)

（　）チュコレート
（　）チョコレート

答え 3ページ

1 つぎの えに あう おとや なきごえを □から えらんで、きごうを かきなさい。

(1)  (　　)

(2)  (　　)

(3)  (　　)

(4)  (　　)

(5)  (　　)

あ	トントン
い	ゴロゴロ
う	ザブザブ
え	メーメー
お	チューチュー
か	ピーピー
き	ワンワン
く	パチパチ

2 りょうほうの □に はいる じを、□に かたかなで かきなさい。

(1) □ム　□ングル　→ □

(2) □イム　□ンネル　→ □

3 かたかなで かかない ものに ×を つけなさい。

(1) (　　)オルガン

(2) (　　)トケイ

(3) (　　)シャシン

(4) (　　)フランス

(5) (　　)ヤキュー

(6) (　　)マジック

(7) (　　)ヨーグルト

(8) (　　)ナワトビ

学習した日　月　日

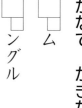

4 つぎの　えの　なかから　かたかなで　かく　ものを　ふたつずつ　みつけて、かたかなで　かきなさい。

(1)

(2)

5 つぎの　ぶんから　かたかなで　かく　ことばを　みつけて、かたかなで　かきなおしなさい。

(1) みんなと　とらんぷで　あそびましょう。

(2) どあを　しっかり　しめて　ください。

(3) きたかぜが　ぴゅうぴゅう　ふいて　います。

(4) たんじょうびに　ぷれぜんとを　もらいました。

(5) ぼくが　すきな　すぽうつは、さっかあです。

3 かん字《じ》を かこう

標準レベル

たしかめよう

答え 4ページ

1 えの 名《な》まえを かん字《じ》で かきなさい。

2 つぎの かん字《じ》の よみかたを、ひらがなで 二《ふた》つずつ かきなさい。

(1) 年

(2) 左

(3) 学 ぶ

(4) 花

(5) 山

(6) 町

(7) 先

(8) 草

知っトク! ポイント 4ページ

学習した日 月 日

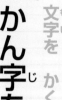

3 かきじゅんの 正《ただ》しい ほうに、○を つけなさい。

(1) 千
- あ（　）ノ 亻 千
- い（　）ノ 二 千

(2) 正
- あ（　）一 T 下 疋 正
- い（　）一 T 工 王 正

(3) 右
- あ（　）一 ナ 十 右 右
- い（　）ノ ナ 十 右 右

(4) 文
- あ（　）丶 亠 ナ 文
- い（　）丶 亠 亠 文

(5) 竹
- あ（　）ノ 𠂉 亇 竹 竹 竹
- い（　）ノ 𠂉 𠂉 𥫗 竹 竹

4 つぎの かん字《じ》は なんかいで かきますか。かん字《じ》で かきなさい。

《れい》火 四

(1) 耳 □
(2) 円 □
(3) 糸 □
(4) 力 □
(5) 出 □
(6) 足 □
(7) 音 □
(8) 金 □
(9) 赤 □
(10) 貝 □

ハイレベル ✦✦✦ ふかめよう

答え 4ページ

学習した日　月　日

1 つぎの ——せんの よみかたを、ひらがなで かきなさい。

(1) 天気（　　　）

(2) 百日（　　　）

(3) お手本（　　　）

(4) 一年生（　　　）

(5) 大空（　　　）

(6) 水しぶき（　　　）

(7) 中学校（　　　）

(8) 花見（　　　）

(9) 三十円（　　　）

(10) 目玉やき（　　　）

2 □に かんじを かきなさい。

(1) □《はやし》の おくに □《もり》が ある。

(2) □《き》の かげで □《やす》もう。

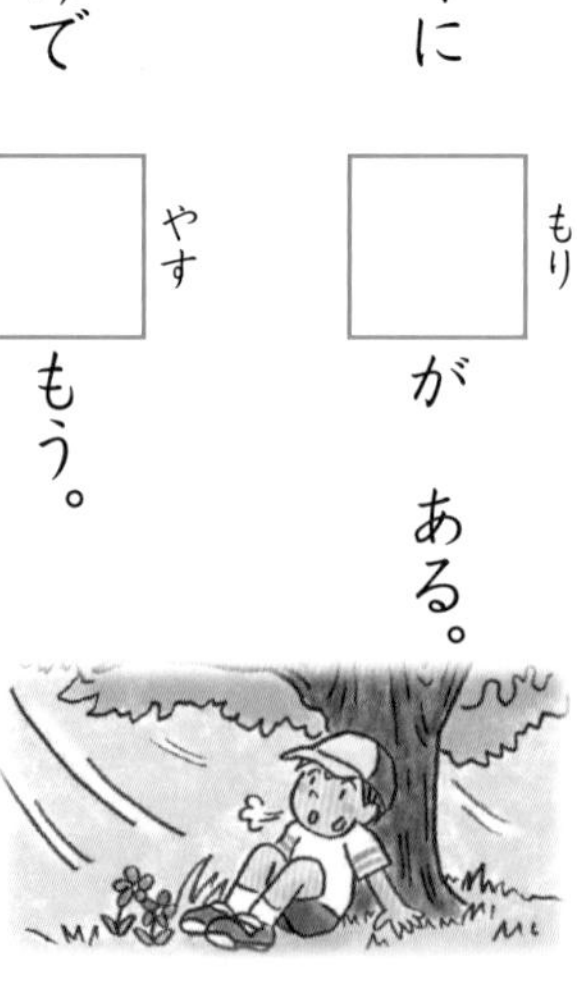

(3) □《た》んぼで □《おとこ》が はたらいて いる。

(4) □《こ》どもが □《じ》を かいて いる。

(5) □《ゆう》がた、さんぽに いこうと □《くち》ぶえ を ふき、ポチの □《な》まえを よんだ。

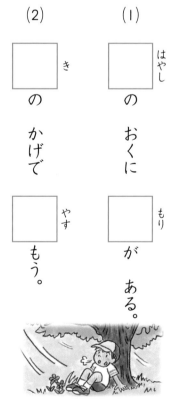

3 つぎの かんじの かきじゅんは、どの きまりに あてはまりますか。□から えらんで、きごうを かきなさい。

(1) 川（　　）

(2) 入（　　）

(3) 立（　　）

(4) 月（　　）

(5) 二（　　）

(6) 村（　　）

(7) 九（　　）

(8) 円（　　）

Ⓐ 上《うえ》から 下《した》に かく。
Ⓘ 左《ひだり》から 右《みぎ》に かく。
Ⓤ 左《ひだり》ばらいは 先《さき》に かく。
Ⓔ そとがわは 先《さき》に かく。

（あ・い・う・え）

4 三《みっ》つの ことばに つながる ものを □から えらんで、かんじと おくりがなで かきなさい。

(1)（　　）— えのぐ／ちきゅう／うみ

(2)（　　）— こえ／くに／女《おんな》のこ

(3)（　　）— じかん／はなし／じゅんばん

(4)（　　）— さとう／は／うさぎ

ちいさい　あおい　まるい
あかい　しろい　はやい

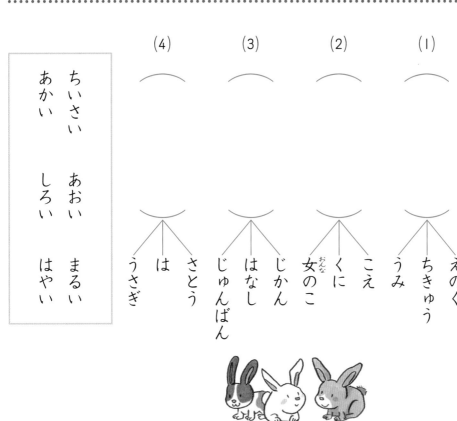

チャレンジテスト 1章 文字《もじ》を かく

時間《じかん》 15分《ふん》
得点《とくてん》 点
答え 5ページ

学習した日 月 日

1 つぎの 文《ぶん》しょうは、ひらがなと かたかなの つかいかたが 二《に》かしょずつ まちがって います。まちがって いる ところに ——を ひいて、よこに 正《ただ》しく かきなおしなさい。 一つ5〔20点〕

ドーブツエンの ふれあいコーナーに ひよこが いました。ピンクの じゃんぱあを きたおにいさんが、テノヒラに のせて くれました。ひよこは あったかくて ふわふわでした。そっと なでたら、ぴよぴよ なきました。

2 つぎの ——せんを かん字《じ》と おくりがなで かきなさい。 一つ2〔20点〕

(1)
おふろに はいる。
かばんに いれる。

(2)
ねだんが あがる。
かいだんを のぼる。

(3)
まえばが はえる。
たのしく いきる。
きろくが うまれる。

(4)
ねつが さがる。
さかみちを くだる。
ちょきんを おろす。

3 □に はいる かん字《じ》を、□から えらんで かきなさい。

一つ4〔28点〕

(1) 正《しょう》→□→日《ひ》

(2) 草《くさ》→□→星《せい》

(3) 休《きゅう》→□→記《き》

(4) 花《はな》→□→山《ざん》

(5) 赤《あか》→□→手《て》

(6) 大《たい》→□→色《いろ》

(7) 下《げ》→□→玉《たま》

月　火　水　木　金　土　日

4 まちがって いる ものを 一《ひと》つ 見《み》つけて、× を つけなさい。

一つ4〔32点〕

(1)
（　）とおい
（　）おおきい
（　）おはよお

(2)
（　）とうりみち
（　）おとうさん
（　）とうふ

(3)
（　）えいが
（　）おねいさん
（　）けいさん

(4)
（　）はなぢ
（　）おぢさん
（　）みぢか

(5)
（　）しづか
（　）こづつみ
（　）つづく

(6)
（　）うでずもう
（　）いなりずし
（　）みかずき

(7)
（　）しゅっぱつ
（　）しゅっせき
（　）しゅっくだい

(8)
（　）きょうだい
（　）じょがいも
（　）りょこう

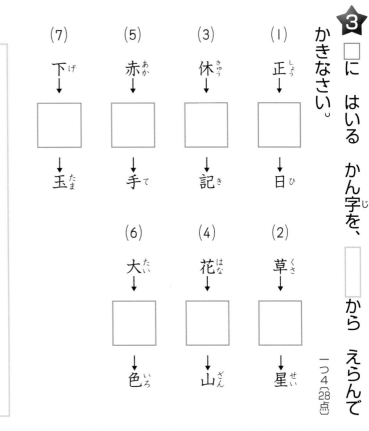

4 「を・は・へ」に ちゅういして かこう

知っトク! ポイント 4ページ

学習した日　月　日

標準レベル

たしかめよう

答え 6ページ

1 つぎの 文《ぶん》の { } から、かなづかいの 正《ただ》しい ほうを えらんで、○で かこみなさい。

(1) つく{え／へ}の 下《した》{わ／は} かたづいて いる。

(2) {え／へ}んぴつの 先《さき》{を／お} とがらせる。

(3) と{を／お}くの 山《やま》{を／お} 見《み》る。

(4) ぼく{わ／は} たまごを {わ／は}るのが うまい。

2 つぎの 文《ぶん》が 正《ただ》しく なるように、□の 中《なか》に 「お」か 「を」を 入《い》れなさい。

(1) □とこの子《こ》が 本《ほん》を よんで いる。

(2) さいふ□ どこかに □として しまった。

(3) 花《か》びん□ だいの 上《うえ》に そっと □きました。

(4) しんぶんし□ ひろげて、にもつ□ つつむ。

(5) お□ぜいの 人《ひと》が □みせの 中《なか》に います。

3 つぎの 文《ぶん》が 正《ただ》しく なるように、□の 中《なか》に 「わ」か 「は」を 入《い》れなさい。

(1) ぼく□ ハンバーグが すきです。

(2) ひま□りの 花《はな》が さいて います。

(3) おとうさん□ ながい な□を もって きました。

(4) こわれた いすの か□りの いす□、まだ とどきません。

4 つぎの 文《ぶん》が 正《ただ》しく なるように、□の 中《なか》に 「え」か 「へ」を 入《い》れなさい。

(1) ひろば□ いって あそびます。

(2) か□るの なきご□が きこえる。

(3) 山《やま》を こ□て、となりの 村《むら》□ 出《で》かけました。

(4) ふ□の 音《おと》が する ほう□ むかって あるいた。

5 つぎの 文《ぶん》の 中《なか》で、かなづかいが 正《ただ》しい 文《ぶん》には ○を、まちがって いる 文《ぶん》には ×を つけなさい。

(1)（　）ちかみちを とおって いきましょう。

(2)（　）おはなしは これで をわりです。

(3)（　）かはに はしが かかって います。

(4)（　）あそこの いえには、ひろい にわが あります。

(5)（　）おおきな いわが みちを ふさいで います。

(6)（　）つぎの かどを みぎえ まがって ください。

ハイレベル

ふかめよう

答え 6ページ

1 つぎの 文《ぶん》が 正《ただ》しく なるように、□の 中《なか》に 「を」「は」「へ」の どれかを 入《い》れなさい。

(1) 犬《いぬ》□ しっぽ□ ふって います。

(2) おじさん□ はいて いた くつ□ ぬぐと、すぐに 川《かわ》の 中《なか》□ 入《はい》りました。

(3) 小森《こもり》くんより とおく□ ボール□ なげる こと□ むずかしい。

(4) あきに なると、木《こ》の□□ だんだん 赤《あか》い いろ□ かわって いきます。

2 つぎの 文《ぶん》の まちがって いる 字《じ》に ×を つけて、よこに 正《ただ》しく かきなおしなさい。

(1) ろうかを はしる ことわ あぶないので、やめましょう。

(2) をじいさんは、一本《いっぽん》ずつ 木《き》の えだを をって いきました。

(3) とけいの はりは、いま、ごぜん九《く》じお さして います。

(4) 雨《あめ》が ふって きたので、あはてて いええ かへりました。

学習した日 月 日

3 つぎの 文《ぶん》に 「を」「は」「へ」を 入《い》れて、いみが とおる 文《ぶん》に かきなおしなさい。

(1) 学校《がっこう》 でんわ かける。

（　　　）

(2) ぼく へやの 中《なか》 入《はい》った。

（　　　）

(3) とこや いって、かみ きりました。

（　　　）

(4) しんごう 赤《あか》から 青《あお》 かわった。

（　　　）

(5) おとうとが おじさん てがみ 出《だ》す。

（　　　）

4 つぎの 三《みっ》つの 文《ぶん》から、かなづかいの 正《ただ》しい 文《ぶん》を えらんで、○を つけなさい。

(1)
ア（　）わたしわ おかしを たべる。
イ（　）わたしは おかしを たべる。
ウ（　）わたしは おかしお たべる。

(2)
ア（　）いもうとを むかえに いきます。
イ（　）いもうとお むかへに いきます。
ウ（　）いもうとを むかへに いきます。

(3)
ア（　）わりばしお とって ください。
イ（　）はりばしお とって ください。
ウ（　）わりばしを とって ください。

(4)
ア（　）本《ほん》を かりに としょかんえ いく。
イ（　）本《ほん》を かりに としょかんへ いく。
ウ（　）本《ほん》お かりに としょかんへ いく。

(5)
ア（　）いいえ、それは ちがいます。
イ（　）いいへ、それは ちがいます。
ウ（　）いいえ、それわ ちがいます。

5 、。「」を 正《ただ》しく つかおう

標準レベル

答え 7ページ

知っトク!ポイント 4ページ

学習した日 月 日

1 つぎの 文《ぶん》の 正《ただ》しい ところに 。(まる) を つけなさい。

(1) あしたは いよいよ えんそくだ こんやは 早《はや》く ねる ことに しよう

(2) まどを あけました まだ そとは まっくらです 空《そら》には ほしが かがやいて います は やとくんは しんこきゅうを しました

(3) 一人《ひとり》で るすばんを して いた だんだん たいくつに なって きた ころに、おかあさんが かえって きた その あと ぼくは そとに あそびに いった

2 つぎの 文《ぶん》の 正《ただ》しい ところに 、(てん) を 一《ひと》つだけ つけなさい。

(1) わたしが 田中《たなか》さんたちを むかえに いく。

(2) ぼくは アイスクリームと ホットケーキが たべたい。

(3) 犬《いぬ》と ねこが なかよく あそんで います。

(4) にもつが とても おおいので とちゅうで 休《きゅう》けいしました。

(5) バスに のって いる あいだは しずかに しましょう。

(6) きのうの よる すこしだけ ゆきが ふったようです。

3 つぎの 文《ぶん》の 中《なか》で、人《ひと》が はなして いる ぶぶんに 「 」(かぎ)を つけなさい。

(1) こうたくんが、みんな、こっちへ おいでよ。と さけんで います。

(2) 一年生《いちねんせい》は 校《こう》ていに あつまって ください。と、先生《せんせい》が いいました。

(3) ほのかさんは、これから なにを して あそぼうか。と、わたしに きいて きました。

(4) ぼくは、だれか いませんか。と いいながら、たてものの 中《なか》を あるきました。

(5) おかあさんが いいました。早《はや》く おとうさんの ところへ いきなさい。

4 つぎの 文《ぶん》の 中《なか》で、、(てん)や 。(まる)や 「 」(かぎ)の つけかたが 正《ただ》しい 文《ぶん》には ○を、まちがって いる 文《ぶん》には ×を つけなさい。

(1)（　）さむく なって、きたので ぼくは まどを しめた。

(2)（　）まなみさんが、「その 本《ほん》を 見《み》せて。」と いいました。

(3)（　）「この いけんに さんせいの 人《ひと》は、手《て》を あげて ください。」と いうと、ぜんいんが 「さんせいと いって」 手《て》を あげました。

(4)（　）「あしたの あさは 六《ろく》じに おきよう、と」、おとうさんが わたしたちに むかって いいました。

(5)（　）「花火《はなび》は おとなと いっしょに しなさい。」と、おばさんに ちゅういされました。

ハイレベル

ふかめよう

答え 8ページ

1 つぎの 文《ぶん》の □に、、（てん）か 。（まる）の どちらか 正《ただ》しい ほうを 入《い》れなさい。

(1) はが いたいから □ はいしゃに いきます □

(2) もう よるの 十《じゅう》じですよ □ よふかしし ないで、早《はや》く ねなさい □

(3) 「おしゃべりを しないように □」と 先《せん》生《せい》に ちゅういされたので □ ぼくは しずかに しました □

2 つぎの 二《ふた》つの 文《ぶん》から、、（てん）の つけかたの 正《ただ》しい ほうを えらんで、○を つけなさい。

学習した日 月 日

(1)
ア（ ）ぼくが、一人《ひとり》で そうじを ぜんぶ やりました。
イ（ ）ぼくが 一人《ひとり》で そうじを ぜんぶ、やりました。

(2)
ア（ ）テレビを 見《み》て いたら、ねむく なって きました。
イ（ ）テレビを、見《み》て いたら ねむく なって きました。

(3)
ア（ ）いもうとの、名《な》まえは わかなと いいます。
イ（ ）いもうとの 名《な》まえは、わかなと いいます。

(4)
ア（ ）びょういんに いって、ちゅうしゃを うちました。
イ（ ）びょういんに いって ちゅうしゃを、うちました。

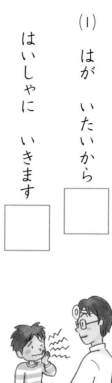

3 つぎの 文《ぶん》に それぞれ 、（てん）を 二《ふた》つ、。（まる）を 二《ふた》つ、「 」（かぎ）を 一《ひと》くみ つけなさい。

(1) わたしは また くるからね と 目《め》の まえの 山《やま》に むかって よびかけた

(2) さあ げんきを 出《だ》して いこう と 先生《せんせい》が みんなを はげましました

(3) しょくどうに 入《はい》ると ラーメンを 一《ひと》つ ください と おじいちゃんが おみせの 人《ひと》に ちゅうもんした

(4) ずっと 空《そら》を 見《み》て いた おじさんが 雨《あめ》が やんだから そろそろ しゅっぱつしようか と いいました

4 つぎの 文《ぶん》に 、（てん）や 。（まる）や 「 」（かぎ）を つけて、かきなおしなさい。

(1) みんなが いちばん 足《あし》が はやいのは たいきくんだ と いって いる

〔、が 一《ひと》つ／。が 二《ふた》つ／「 」が 一《ひと》くみ〕

(2) オムレツが たべたい と ぼくは おかあさんに いいました

〔、が 一《ひと》つ／。が 二《ふた》つ／「 」が 一《ひと》くみ〕

(3) ゆうやくんが 学校《がっこう》まで きょうそうだ と いって きゅうに はしり出《だ》しました

〔、が 二《ふた》つ／。が 二《ふた》つ／「 」が 一《ひと》くみ〕

6 あいてに ちゅういして かこう

標準レベル

答え 9ページ

1 つぎの えの 〔　〕に 入《はい》る ことばを 下《した》から えらんで、○を つけなさい。

(1)

ア（　）おねがい。
イ（　）おねがいします。

(2)

ア（　）ごめんね。
イ（　）ごめんなさい。

(3)

ア（　）おはよう。
イ（　）おはようございます。

2 つぎの 文《ぶん》の 中《なか》から、ていねいな いいかたを して いる ほうを えらんで、○を つけなさい。

(1)
ア（　）だれかが こっちへ きます。
イ（　）だれかが こっちへ くる。

(2)
ア（　）きょうは ぼくの たんじょう日《び》だ。
イ（　）きょうは ぼくの たんじょう日《び》です。

(3)
ア（　）水《すい》どうの 水《みず》が 出《で》ない。
イ（　）水《すい》どうの 水《みず》が 出《で》ません。

(4)
ア（　）かすかな 音《おと》が しました。
イ（　）かすかな 音《おと》が した。

(5)
ア（　）まだ おひるでは ない。
イ（　）まだ おひるでは ありません。

(6)
ア（　）犬《いぬ》を さんぽに つれて いきました。
イ（　）犬《いぬ》を さんぽに つれて いった。

(7)
ア（　）だれも こたえを しらなかった。
イ（　）だれも こたえを しりませんでした。

知っトク!ポイント 4ページ

学習した日 月 日

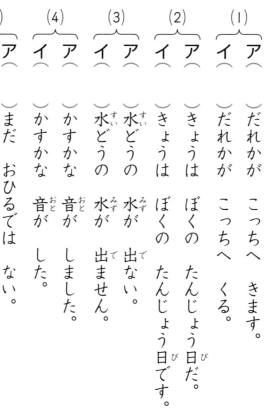

3 つぎの ことばの 中《なか》で、「お」や「ご」の つけかたが 正《ただ》しい ものには ○を、まちがって いる ものには ×を つけなさい。

(1)（　）おひるね
(2)（　）ごしらせ
(3)（　）ごはなし
(4)（　）おもち
(5)（　）おあいさつ
(6)（　）ごせっかい
(7)（　）ごにんぎょう
(8)（　）おつり
(9)（　）お気《き》に入《い》り
(10)（　）おりょうしん
(11)（　）おごはん
(12)（　）ごしんせき
(13)（　）ごほうび
(14)（　）ごよてい
(15)（　）お出《で》かけ
(16)（　）ごきゃくさん
(17)（　）おかぶと虫《むし》
(18)（　）お口《くち》

4 つぎの 文《ぶん》が ていねいな いいかたに なるように、——せんの ことばを かきなおしなさい。

(1) けしきを <u>見《み》る</u>。（　　　　）
(2) よるは <u>しずかだ</u>。（　　　　）
(3) あめを <u>なめた</u>。（　　　　）
(4) バスに <u>のった</u>。（　　　　）
(5) 水《みず》を <u>のまない</u>。（　　　　）
(6) 早《はや》く <u>たべろ</u>。（　　　　）
(7) みんなで <u>あそぼう</u>。（　　　　）
(8) 本《ほん》を <u>よまなかった</u>。（　　　　）

ハイレベル

答え 9ページ

1 つぎの 文《ぶん》を ていねいな いいかたに かきなおしなさい。

(1) へやの そうじを する。

（　　　　）

(2) みんなで どこへ いくのか。

（　　　　）

(3) きのうは 学校《がっこう》を 休《やす》んだ。

（　　　　）

(4) おとうとが おもちゃを はなさない。

（　　　　）

(5) いそいで ようふくを きがえろ。

（　　　　）

2 つぎの 文《ぶん》の （　）に 入《はい》る ことばを □ から えらんで、文《ぶん》の ないように あわせて、ていねいな いいかたに かきなおしなさい。

学習した日　月　日

(1) わたしは、これから しょうたくんたちと いっしょに こうえんで （　　　　）。

(2) きのうの 夕《ゆう》がた、いえの ちかくの 木《き》に かみなりが （　　　　）。

(3) いっしょうけんめいに れんしゅうを しないと、しあいには （　　　　）。

(4) こんなに よる おそくまで おきて いないで、早《はや》く （　　　　）。

かつ	あそぶ
ねる	おちる

3 つぎの　ていねいな　文《ぶん》を、ふつうの　文《ぶん》に　かきなおしなさい。

(1) いもうとが　うたを　うたって　います。

(2) きょうしつの　ドアが　ひらきません。

(3) すぐに　ごみを　すてなさい。

(4) 学校《がっこう》で　うんどうかいが　ありました。

(5) いま　ぼくを　よびましたか。

4 つぎの　文《ぶん》は、ももかさんが　おばさんに　かいた　てがみです。ていねいな　いいかたに　なおして、左《ひだり》がわに　かきなさい。

おばさん、おひさしぶり。

きょう、お小《こ》づつみが　とどいた。大《だい》すきなメロンが　入《はい》って　いたので、うれしかったです。おありがとうございましたです。おじさんに　よろしく　つたえて　おくれ。

ももか

時間 15分　得点　　点　答え 10ページ

学習した日　月　日

1 つぎの　文《ぶん》の　——せんの　字《じ》の　つかいかたが　正《ただ》しければ、（　）に　○を　つけなさい。まちがって　いれば、正《ただ》しい　ひらがなを　かきなさい。

一つ4〔40点〕

(1) かさを（　）　学校《がっこう》え（　）　をいて（　）　きて　しまったので、えり子《こ》さんは　はしって（　）　とりに　いきました。

(2) にげた　うさぎお（　）　おいかけて、わたしたちは　にわ（　）中《じゅう》を　かけまはりました（　）。

(3) ぼくたちわ（　）　ふん水《すい》を　見《み》ようと　おもって、こうへ（　）んへ（　）　やって　きました。

2 つぎの　文《ぶん》が　正《ただ》しく　なるように、（　）の　中《なか》に　「お」「を」「わ」「は」「え」「へ」の　どれかを　入《い》れなさい。

一つ2〔20点〕

(1) いい　においの　する　花《はな》（　）　見《み》つけたので、ぼく（　）　ずかんを　つかって　しらべて　みました。

(2) あさ　七《しち》じに　（　）きてから、はを　みがき、それから　ご（　）んと　のり（　）　たべた。

(3) らいしゅう、ひろばで　ぼんおどりが　あるので、（　）たしは　いまから　まちど（　）しくて　しかたが　ありません。

(4) おじいちゃんから　おこづかい（　）　もらったので、（　）きまえの　デパート（　）　いって、まえから　ほしかった　おもちゃを　かった。

3 つぎの 文《ぶん》に 「を」「は」「へ」と 、（てん）と 。（まる）を 一《ひと》つずつ つけて、正《ただ》しい 文《ぶん》に かきなおしなさい。

完答一つ5〔20点〕

(1) いとこの りょうくん おばあさん ながい てがみ かきました

(2) でん車《しゃ》の きっぷ かった あと ぼく かい さつ むかった

(3) ぼうし かぶった 女《おんな》の子《こ》 森《もり》の おく ある いて いきました

(4) きょう さむいので あたたかい ふくそう してから そと 出《で》なさい

4 《れい》のように、ていねいな 文《ぶん》は ふつうの 文《ぶん》に かきなおし、ふつうの 文《ぶん》は ていねいな 文《ぶん》に かきなおしなさい。

一つ5〔20点〕

《れい》手《て》を にぎります。
手《て》を にぎる。

(1) ひこうきが とんで います。

(2) かぜが つよくて、かさの ほねが おれた。

(3) 花《か》だんに 入《はい》っては いけません。

(4) テーブルの 上《うえ》を ふけ。

7 つなぎことばに ちゅういしよう

学習した日 月 日

標準レベル

たしかめよう

答え 11ページ

1 つぎの 文《ぶん》の 中《なか》から つなぎことばを 見《み》つけて、○で かこみなさい。

(1) 雨《あめ》が ふって きたので、きょうは 出《で》かけるのを やめよう。

(2) テレビが 見《み》たいのに、しゅくだいが ちっとも おわらない。

(3) ぼくは ケーキも すきだが、おまんじゅうも すきだ。

(4) ともだちの いえに でんわを かけた。でも、だれも 出《で》なかった。

(5) バスが なかなか こなかった。そこで、あるく ことに した。

(6) じゅんびうんどうを した。それから、プールで およいだ。

2 上《うえ》の 文《ぶん》と 下《した》の 文《ぶん》が 正《ただ》しい くみあわせと なるように、——で つなぎなさい。

知っトク!ポイント 5ページ

(1) えいがを 見《み》たけれど、	・　・ア	いちょうが いろづく。
(2) あきに なると、	・　・イ	やぶれて しまった。
(3) おなかが すいたから、	・　・ウ	くすりを のんだ。
(4) えを かいたのに、	・　・エ	おもしろく なかった。
(5) おなかが いたいので、	・　・オ	バナナを たべた。

3 つぎの（　）に 入《はい》る つなぎことばを、[　] から えらんで かきなさい。

(1) おこづかいが たまった（　　）、本《ほん》を かった。

(2) じてん車《しゃ》に のれ（　　）、えきまで 五《ご》ふんで いける。

(3) コップを おとした（　　）、われなかった。

(4) きょうは はれ（　　）くもったり して いる。

が	から	たり	ば

4 つぎの（　）に 入《はい》る つなぎことばを あとから えらんで、きごうを かきなさい。

(1) こたえが わからなかった。（　）、先生《せんせい》に きいた。

ア しかも　イ ところが　ウ そこで

(2) トランプを して、まけた。（　）、たのしかった。

ア でも　イ そのうえ　ウ または

(3) りんごが すきですか。（　）、みかんが すきですか。

ア さて　イ それとも　ウ しかし

(4) 足《あし》を すりむいた。（　）、こうえんで ころんだからだ。

ア なぜなら　イ ただし　ウ だから

(5) きょうは あついですね。（　）、なにを して あそびますか。

ア そして　イ あるいは　ウ ところで

ハイレベル

ふかめよう

答え 11ページ

1 つぎの つなぎことばの つかいかたが 正《ただ》しい 文《ぶん》に、○を つけなさい。

ア（　）いくら よんでも、へんじが ない。

イ（　）きのう よんだばかりなので、おぼえて いない。

ウ（　）だれも 見《み》て いないのに、テレビが ついて いる。

エ（　）おかあさんに おこされたから、また ねて しまった。

オ（　）あと 一人《ひとり》 こないと、やきゅうが できない。

カ（　）おかしを たべながら、まんがを よむ。

キ（　）あせを かいたけれど、おふろに 入《はい》った。

2 つぎの つなぎことばと おなじような はたらきを する ものを、□から それぞれ 二《ふた》つずつ えらんで かきなさい。

(1) したがって（　　）（　　）

(2) だけど（　　）（　　）

(3) それとも（　　）（　　）

(4) さて（　　）（　　）

しかし	では	あるいは	だから
ところで	それで	けれども	または

学習した日　月　日

❸ つぎの　文《ぶん》を、つなぎことばを　つかって　二《ふた》つの　文《ぶん》に　わけて　かきなおしなさい。

(1) ごみが　おちて　いたから、ごみばこに　すてた。

Ⓐ

Ⓘ

(2) バスに　のったが、せきが　空《あ》いて　いなかった。

Ⓐ

Ⓘ

(3) へやに　入《はい》って、あかりを　つけた。

Ⓐ

Ⓘ

❹ つぎの　二《ふた》つの　文《ぶん》を、つなぎことばを　つかって　一《ひと》つの　文《ぶん》に　かきなおしなさい。

(1)
ほしい　おもちゃが　あった。
日《にち》よう日《び》に　おとうさんと　デパートに　いった。

(2)
ぼくは　子《こ》ねこに　ちかづいた。
子《こ》ねこは　にげて　しまった。

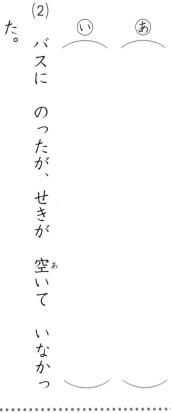

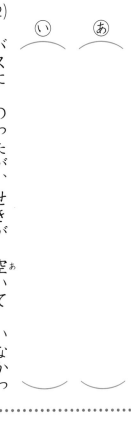

8 こそあどことばに ちゅういしよう

知っトク！ポイント 5ページ

学習した日　月　日

標準レベル

たしかめよう

答え 12ページ

1 つぎの 文《ぶん》の 中《なか》から こそあどことばを 見《み》つけて、◯で かこみなさい。

(1) こっちの りんごの ほうが 赤《あか》くて おいしそうだ。

(2) そこに おいて ある ぼうしを とって ください。

(3) ここに ならんで いる 本《ほん》の うち、いちばん うれて いるのは どれですか。

(4) この チケットを、あそこに いる かかりの 人《ひと》に わたして ください。

2 つぎの えに あう こそあどことばを えらんで、◯で かこみなさい。

(1)

{この／その} 花《か》びんは たかい。

(2)

{あの／その} 犬《いぬ》は オスですか。

(3)

{あれ／どれ} が おいしいかな。

(4)

{あれ／どれ} は 学校《がっこう》です。

3 つぎの｛　｝から 文《ぶん》に あう こそあどことばを えらんで、◯で かこみなさい。

(1) みちに まよわずに、｛この／これ／ここ｝まで 一人《ひとり》で こられた。

(2) ｛そこ／それ／その｝は たいせつな ものなので、ていねいに つかって ください。

(3) ロケットに のって、｛あれ／あそこ／あの｝ほしまで いきたい。

(4) わたしは にくも さかなも ｛どれ／どこ／どちら｝も すきです。

4 つぎの ――せんの こそあどことばが さして いる ことばを かきぬきなさい。

(1) にわに バケツが あるので、それに 水《みず》を 入《い》れて ください。（　　　）

(2) こうえんに いきました。そこで サッカーを しました。（　　　）

(3) 花《はな》を つんで きました。これを あなたに あげます。（　　　）

(4) ともきくんと ひょうたんいけに いった。あそこには ふなや ざりがにが いる。（　　　）

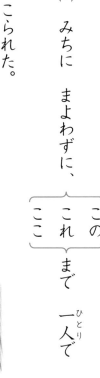

ハイレベル ふかめよう

答え 12ページ

1 つぎの 文《ぶん》の 中《なか》で こそあどことばの つかいかたが まちがって いる ぶぶんに ──を ひいて、よこに 正《ただ》しく かきなおしなさい。

(1) ぼくが いま もって きた あの グローブは、おにいちゃんの お下《さ》がりだ。

(2) めぐみさんが 手《て》を ふりながら、そちらに やって きました。

(3) ここから どこまでは、だいたい 百《ひゃく》メートル はなれて いる。

---

2 つぎの（　）に 入《はい》る こそあどことばを □ から えらんで かきなさい。

学習した日　月　日

くらく なると、(1)（　　）から うち上《あ》げ花火《はなび》の 音《おと》が きこえて きました。ベランダに 出《で》て みましたが、花火《はなび》は 見《み》えませんでした。

すると、おねえちゃんが、

「となりの マンションの おく上《じょう》から 見《み》ようよ。」

と いいました。でも、おかあさんが、

「(2)（　　）は すんで いる 人《ひと》しか 入《はい》れないのよ。あなたたちの うしろの たなに、きのう かった 花火《はなび》が あるわ。(3)（　　）を やりましょう。」

と いいました。

これ　それ　ここ　あそこ　どこ

3 つぎの ――せんの こそあどことばは、ア～ウの どれに あたりますか。一《ひと》つ えらんで、○を つけなさい。

(1) あれは 日本《にほん》で いちばん たかい ビルです。
ア（　）ものを さして いる。
イ（　）ばしょを さして いる。
ウ（　）ほうこうを さして いる。

(2) どちらから いっても、えきに つきます。
ア（　）ものを さして いる。
イ（　）ばしょを さして いる。
ウ（　）ほうこうを さして いる。

(3) そこから なにが 見《み》えますか。
ア（　）ものを さして いる。
イ（　）ばしょを さして いる。
ウ（　）ほうこうを さして いる。

(4) これより 大《おお》きい かたつむりが いたよ。
ア（　）ものを さして いる。
イ（　）ばしょを さして いる。
ウ（　）ほうこうを さして いる。

4 つぎの ――せんの こそあどことばが さして いる ことばを かきぬきなさい。

(1) 大《おお》きな りんごを もらいました。おかあさんが それを 四《よっ》つに きりました。

（　　　　）

(2) 先生《せんせい》が 校《こう》ていに 白《しろ》い せんを ひきました。そして、「ここが スタートの ばしょです。」と いいました。

（　　　　）

(3) よぞらに ひかる ほしが 見《み》える。あれは なんと いう 名《な》まえだろう。

（　　　　）

9 文《ぶん》の くみ立《た》てに ちゅういしよう

知っトク!ポイント 5ページ

学習した日 月 日

標準レベル たしかめよう

答え 13ページ

1 正《ただ》しい 文《ぶん》に なるように、――で つなぎなさい。

(1) かぜが・ ・①ピヨピヨと・ ・アもえる。

(2) ひよこが・ ・②めらめらと・ ・イふく。

(3) たき火《び》が・ ・③グーグーと・ ・ウおちる。

(4) へびが・ ・④そよそよと・ ・エはう。

(5) しずくが・ ・⑤ポタポタと・ ・オなく。

(6) おなかが・ ・⑥くねくねと・ ・カなる。

2 文《ぶん》の 中《なか》で、「だれが（は）」「なにが（は）」に あたる ことばを しゅごと いいます。つぎの 文《ぶん》の しゅごに ――を ひきなさい。

《れい》 いもうとが ピアノを ひく。

(1) うしが 草《くさ》を たべる。

(2) 夕《ゆう》日《ひ》が ゆっくりと しずむ。

(3) おとした さいふが 見《み》つかった。

(4) 赤《あか》い チューリップが さいた。

(5) わたしの おばさんは かんごしです。

(6) おとうとは まだ かえらない。

3 文《ぶん》の 中《なか》で、「どうする」「どんなだ」「なんだ」「ある（いる・ない）」に あたる ことばを じゅつごと いいます。つぎの 文《ぶん》の じゅつごに ——を ひきなさい。

《れい》いもうとが ピアノを ひく。

(1) おとうさんが かいしゃに いく。

(2) ねこが ねずみを おいかけた。

(3) この ケーキは あまい。

(4) としょかんは いつも しずかだ。

(5) ぼくの おにいさんは 中学生《ちゅうがくせい》です。

(6) 水《すい》そうに さかなが いる。

(7) こうえんに ぶらんこが ある。

4 文《ぶん》の 中《なか》で しゅごや じゅつごを くわしく する ことばを しゅうしょくごと いいます。つぎの 文《ぶん》から しゅうしょくごを 見《み》つけて、きごうを かきなさい。

《れい》ア いもうとが イ ピアノを ウ ひく。（ イ ）

(1) ア トラックが イ 右《みぎ》に ウ まがる。（　）

(2) ア はくちょうが イ みずうみに ウ あつまる。（　）

(3) ア 小《ちい》さい イ ゆきだるまが ウ ある。（　）

(4) ア 花《はな》びらが イ ひらひらと ウ おちる。（　）

(5) ア わたしは イ よしえさんと ウ あそんだ。（　）

(6) ア 三《さん》びきの イ 子《こ》ねこが ウ 生《う》まれた。（　）

ハイレベル ふかめよう

答え 13ページ

1 つぎの 文《ぶん》の しゅごには ＝＝を、じゅつごには ――を ひきなさい。

《れい》 いもうとが ピアノを ひく。

(1) おかあさんが カレーを つくる。

(2) ピッチャーが ボールを なげる。

(3) ぼくは テレビで アニメを 見《み》た。

(4) ねこが のどを ゴロゴロと ならした。

(5) わたしは がようしに えを かいた。

(6) 白《しろ》い ちょうが なの花《はな》に とまった。

2 つぎの カードを ならべかえて、正《ただ》しい 文《ぶん》を つくりなさい。

(1) およいだ ／ ぼくは ／ プールで

（　　　　　　　　）

(2) 学校《がっこう》を ／ 休《やす》んだ ／ たくやくんが

（　　　　　　　　）

(3) はっぱが ／ なる ／ 赤《あか》く ／ もみじの

（　　　　　　　　）

(4) たべた ／ はたけで ／ わたしは ／ トマトを

（　　　　　　　　）

(5) となり町《まち》に ／ ぼくは ／ いった ／ バスで

（　　　　　　　　）

学習した日　月　日

3 つぎの ——せんの ことばを くわしく して いる ことばを かきぬきなさい。

(1) おじさんが お年玉《としだま》を くれた。 （　　　）

(2) 雨《あめ》が まどガラスを たたく。 （　　　）

(3) きつつきが 木《き》の みきを つつく。 （　　　）

(4) わたしは 大《おお》きな おにぎりを たべた。 （　　　）

(5) ぼくは にんじんで つくった ジュースを のんだ。 （　　　）

4 文《ぶん》しょうを よんで、もんだいに こたえなさい。

ぼくは おかあさんの にがおえを ①かきました。そして、②いもうとが ア でき上《あ》がった イ えに ウ いろを ぬりました。

(1) ——せん①の じゅつごに たいする しゅごを かきぬきなさい。 （　　　）

(2) ——せん②の しゅごに たいする じゅつごを かきぬきなさい。 （　　　）

(3) つぎの しゅうしょくごは、ア〜ウの どこに 入《い》れる ことが できますか。きごうを かきなさい。

ていねいに （　　　）

時間 15分　得点 点　答え 14ページ

学習した日 月 日

1 つぎの（　）に 入《はい》る つなぎことばを □ から 一《ひと》つ えらんで、きごうを かきなさい。

一つ5〔25点〕

(1) 三日《みっか》かん、雨《あめ》が ふって いる。（　）、あしたは はれるそうだ。

(2) しゅくだいを わすれた。（　）、たいそうぎまで わすれた。

(3) ひさしぶりだね。（　）、きみの いえは どこですか。

(4) いもうとが ないて いる。（　）、ころんで けがを したからだ。

(5) かぜが ふいて おちばが ちった。（　）、にわの そうじを した。

ア なぜなら	イ だから	ウ つまり
エ ところで	オ そのうえ	カ しかし

2 つぎの ——せんの こそあどことばが さして いる ことばを かきぬきなさい。

一つ7〔28点〕

(1) 大《おお》きな いけに ついた。ここで さかなつりを する ことに した。（　）

(2) 土手《どて》に たくさんの 木《き》が うえて ある。あれは さくらの 木《き》だ。（　）

(3) すてきな かばんだね。それは どこで かったの。（　）

(4) 二《に》ちょう目《め》に ひろい 空《あ》きちが ある。あそこに いって あそぼう。（　）

3 つぎの 文《ぶん》の しゅごには ═を、じゅつごには ─を、しゅうしょくごには 〜〜を ひきなさい。

完答一つ5〔35点〕

《れい》 いもうとが ピアノを ひく。

(1) かえるが ケロケロと なく。

(2) きのう 小《こ》づつみが とどいた。

(3) まるい 月《つき》が ぽっかりと うかぶ。

(4) 白《しろ》い おもちが こんがりと やけた。

(5) おとうとが 一人《ひとり》で え本《ほん》を よむ。

(6) わたしは あさ、カーテンを あけた。

(7) つばめが すに えさを はこぶ。

4 つぎの しゅうしょくごは、(ア)・(イ)の どちらに 入《い》れる ことが できますか。一《ひと》つ えらんで、きごうを かきなさい。

一つ4〔12点〕

(1) いそいで

雨《あめ》が (ア) ふって きたので、わたしは たてものの 中《なか》に (イ) 入《はい》りました。

(　　)

(2) まっすぐ

学校《がっこう》から (ア) いえに かえると、おかあさんが (イ) パンを やいて いました。

(　　)

(3) うれしそうに

おじいちゃんが (ア) たんじょう日《び》の プレゼントを おくって くれたので、いもうとは (イ) おれいの でんわを しました。

(　　)

10 しを よもう

標準レベル

たしかめよう

答え 14ページ

知っトク！ポイント 6ページ

学習した日　月　日

1 しを よんで、もんだいに こたえなさい。

くだものの いろ

のろ さかん

マスカットは マスカットの いろ
リンゴは リンゴの いろ
レモンは レモンの いろ
たくさんの ［①］ の なかから
ただ ひとつ いろを ②えらんで
こんなに いきいきと
かがやいて いる

(1) ［①］に 入《はい》る ことばを かきぬきなさい。

（　　　）

(2) ②えらんで いるのは、だれですか。三《みっ》つ かきぬきなさい。

（　　　）（　　　）（　　　）

(3) この しを かいた 人《ひと》は、どのように かんじて いますか。一《ひと》つ えらんで、○を つけなさい。

ア（　）いろいろな いろの くだものを それぞれ すてきだと かんじて いる。

イ（　）すきな いろの くだものが いちばん おいしいと かんじて いる。

ウ（　）おなじ くだものなのに、いろが ちがうのは おかしいと かんじて いる。

ヒント くだものが 「いきいきと／かがやいて いる」と ある。

2 しを よんで、もんだいに こたえなさい。

水平線《すいへいせん》

小泉《こいずみ》 周二《しゅうじ》

水平線《すいへいせん》が ある
一直線《いっちょくせん》に ある
①ゆれて いる はずなのに
一直線《いっちょくせん》に ある

水平線《すいへいせん》が ある
②はっきりと ある
空《そら》とは ちがうぞと
はっきりと ある

水平線《すいへいせん》が ある
どこまでも ある
ほんとうの 強《つよ》さみたいに
［　③　］ ある

(1) なにを 見《み》て よんだ しですか。一《ひと》つ えらんで、○を つけなさい。

ア（　）うみ　イ（　）川《かわ》　ウ（　）山《やま》

(2) ①ゆれて いる はずなのにと いう ことばから、どんな 気《き》もちが わかりますか。一《ひと》つ えらんで、○を つけなさい。

ア（　）おそろしく おもう 気《き》もち。

イ（　）たのしく おもう 気《き》もち。

ウ（　）ふしぎに おもう 気《き》もち。

！ヒント 水平線《すいへいせん》が ゆれて いない ことを どう おもって いるか。

(3) ②はっきりと あると ありますが、どう いう ことですか。

水平線《すいへいせん》が うみと（　　　）とを はっきりと わけて いると いう こと。

(4) ［③］に 入《はい》る ことばを かきぬきなさい。

（　　　）

ハイレベル ふかめよう

答え 15ページ

1 しを　よんで、もんだいに　こたえなさい。

いそがしい　空《そら》

金子《かねこ》　みすゞ《ず》

今夜《こんや》は　①お空《そら》が　いそがしい、
雲《くも》が　どんどと　かけて　ゆく。
半《はん》かけお月《つき》さんと　②ぶつかって、
それでも　知《し》らずに　かけて　ゆく。
子雲《こぐも》が　［③］、じゃまっけだ、
あとから　大雲《おおぐも》、おっかける。
半《はん》かけお月《つき》さんも　雲《くも》の　なか、
すりぬけ、すりぬけ、かけて　ゆく。
今夜《こんや》は　お空《そら》が　いそがしい、
ほんとに、ほんとに、いそがしい。

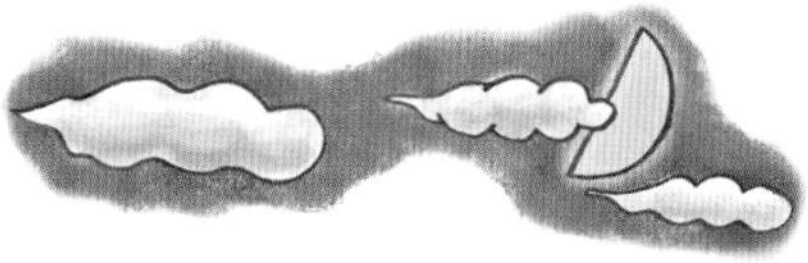

学習した日　　月　　日

(1) ①お空《そら》が　いそがしいとは、空《そら》の　どんな　ようすを　あらわして　いますか。

（　　　　　　　　）

(2) ②ぶつかって　いるのは　なにと　なにですか。

（　　　　）と（　　　　）

(3) ［③］に　入《はい》る　ことばを　一《ひと》つ　えらんで、○を　つけなさい。

ア（　）どきどき
イ（　）うろうろ
ウ（　）ひらひら

(4) しを　かいた　人《ひと》は、どんな　気《き》もちで　空《そら》を　見《み》て　いますか。一《ひと》つ　えらんで、○を　つけなさい。

ア（　）雨《あめ》が　ふらないか　しんぱいして　いる。
イ（　）雲《くも》の　うごきを　たのしんで　いる。
ウ（　）月《つき》が　見《み》えなくて、がっかりして　いる。

❷ しを よんで、もんだいに こたえなさい。

赤《あか》とんぼ　　永窪《ながくぼ》 綾子《あやこ》

枯《か》れ草《くさ》に 止《と》まって いる
赤《あか》とんぼに
そおっと
ひとさし指《ゆび》を さしだすと
とんぼは
［ ① ］ように
ちょっと 飛《と》びあがった
また
すぐに もどって きて
こんどは
ぼくの 指先《ゆびさき》に 止《と》まった
②しっ！
しずかに
しずかに
③ぼくは 木《き》に なり
指先《ゆびさき》は 小枝《こえだ》に なった

(1) ［ ① ］に 入《はい》る ことばを 一《ひと》つ えらんで、○を つけなさい。

ア（　）よろこんだ　　イ（　）まって いた
ウ（　）おどろいた

(2) ②しっ！／しずかに／しずかにとは、だれが だれに いった ことばですか。

（　　　）が（　　　）に。

(3) ③ぼくは 木《き》に なり／指先《ゆびさき》は 小枝《こえだ》に なったと ありますが、

あ どんな ようすを あらわして いますか。

（　　　）

い あのように したのは なんの ためですか。

（　　　）

11 にっき・てがみを よもう

標準 レベル

たしかめよう

答え 15ページ

知っトク！ポイント 6ページ

学習した日 月 日

1 にっきを よんで、もんだいに こたえなさい。

五月十七日《ごがつじゅうしちにち》（水《すい》）はれ

きょうは えんそくで、バスで どうぶつえんに いきました。さいしょに さる山《やま》を 見《み》ました。りくくんが ボスざるの まねを したのが、おもしろかったです。きりんや ぞうも 見《み》ました。

その あと、木《こ》かげで みんなで おべんとうを たべました。たくさん あるいて あせを かいて いたのですが、木《こ》かげには すずしい かぜが ふいて いて、□と おもいました。

しばらく ひろばで あそんでから、また バスに のって かえりました。かえりの バスで、ぼくは つかれて ねて しまいました。

(1) いつの にっきですか。

（　　　　）

(2) 「ぼく」が おもしろいと おもったのは、どんな ことですか。

（　　　　）こと。

(3) どうぶつえんで 見《み》た どうぶつを 三《みっ》つ かきなさい。

（　　）（　　）（　　）

(4) □に 入《はい》る ことばを 一《ひと》つ えらんで、○を つけなさい。

ア（　）おなかが いっぱいだ

イ（　）気《き》もちが いいな

ウ（　）早《はや》く かえりたいな

！ヒント あせを かいた あとに、すずしい かぜが ふいて いる。

2 にっきを よんで、もんだいに こたえなさい。

八月三日《はちがつみっか》（水《すい》） くもり

きょうは いなかの おばあちゃんの ところに あそびに いって、かって いる かいこに ①えさを あげる てつだいを しました。

かいこの えさは くわの はで、いえの まえに くわばたけが あります。そこから とった はの 先《さき》の、やわらかい ところを ちぎって、②かいこの よう虫《ちゅう》に あげると、すぐに よって きて、はを たべはじめました。いまは 小《ちい》さな よう虫《ちゅう》ですが、大《おお》きく なると、一日《いちにち》に トラック 一《いっ》ぱいぶんも はを たべるそうです。

おばあちゃんに、かいこが つくった まゆも 見《み》せて もらいました。白《しろ》くて ぴかぴかした まゆから、きものを つくる きぬが できるそうです。かいこの まゆから きものが できる なんて、③ふしぎだなと わたしは おもいました。

(1) ①えさと ありますが、

あ かいこの えさは なんですか。

（　　　　）

い あは どこで とれますか。

（　　　　）

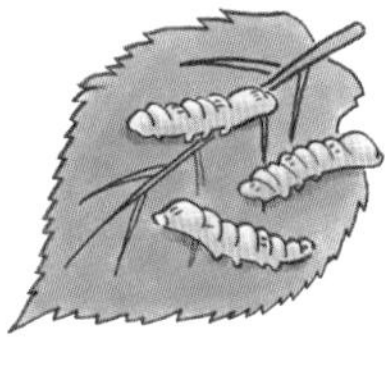

(2) ②かいこの よう虫《ちゅう》に あげると ありますが、「わたし」は よう虫《ちゅう》に なにを あげたのですか。

（　　　　）

(3) ③ふしぎだなと 「わたし」が おもったのは、どんな ことですか。一《ひと》つ えらんで、○を つけなさい。

ア（　）小《ちい》さな よう虫《ちゅう》が 大《おお》きく なる こと。

イ（　）かいこが つくる まゆから きものが できる こと。

ウ（　）よう虫《ちゅう》が トラック 一《いっ》ぱいぶんも えさを たべる こと。

ヒント ― せん③の すぐ まえに ちゅうもくする。

ハイレベル

ふかめよう

❶ てがみを　よんで、もんだいに　こたえなさい。

答え16ページ

おじさん、おげんきですか。ぼくは　げんきです。この　まえは、ぼくの　たんじょう日《び》に　本《ほん》を　おくって　くれて、ありがとうございました。

おじさんに　もらった『ファーブルこん虫《ちゅう》き』を　よみました。オサムシの　ともぐいの　はなしは、ちょっと　こわかったけど、しらなかったことが　いろいろ　かいて　あって、おもしろかったです。この　本《ほん》の　つづきも、としょかんでかりて　よんで　みたいと　おもいます。

だんだん　すずしく　なって　きましたが、かぜを　ひかないように　ちゅういして　ください。また　お正月《しょうがつ》に　あそびに　いきますね。

九月十六日《くがつじゅうろくにち》

森《もり》　たいき

(1) 本《ほん》と　ありますが、

㋐ おじさんが　くれたのは　なんと　いう　本《ほん》でしたか。

（　　　　）

㋑ その　本《ほん》には　どんな　はなしが　かいて　ありましたか。

（　　　　）

㋒「ぼく」は、その　本《ほん》を　よんで、どう　おもいましたか。二《ふた》つ　えらんで、○を　つけなさい。

ア（　）ちょっと　こわいけど、おもしろい。

イ（　）なにが　かいて　あるか　わからない。

ウ（　）つづきの　はなしも　よんで　みたい。

(2) これは　なんの　てがみですか。一《ひと》つ　えらんで、○を　つけなさい。

ア（　）おわびの　てがみ。

イ（　）しつもんの　てがみ。

ウ（　）おれいの　てがみ。

学習した日　月　日

❷ てがみを よんで、もんだいに こたえなさい。

こんにちは。この まえは たいけんがくしゅうで ①うしの せわの てつだいを させて くれて、ありがとうございました。

うしの ちちしぼりは はじめてだったので、さいしょは ② しました。ちかくで 見《み》る うしは、おもって いたより ずっと 大《おお》きくて、ちょっと ③足《あし》が ふるえました。でも、だんだん こつが わかって きて、おちちが 出《で》るように なると、おもしろく なって きました。さいごに、ぎゅうにゅうから つくった チーズを たべた ことも、おもい出《で》に のこって います。あの とき まだ 赤《あか》ちゃんだった 子《こ》うしは、大《おお》きく なりましたか。また ④あいたいです。

なつ休《やす》みの たいけんがくしゅうでも よろしく おねがいします。

五月《ごがつ》二十二日《にじゅうににち》

上田《うえだ》 ゆうた

---

(1) ①うしの せわの てつだいで、どんな ことを したのですか。

（　　　）

(2) ② に 入《はい》る ことばを 一《ひと》つ えらんで、○を つけなさい。

ア（　）ひそひそ
イ（　）どきどき
ウ（　）うろうろ

(3) ③足《あし》が ふるえましたから、どんな 気《き》もちが わかりますか。

（　　　）

(4) ④あいたいと ありますが、なにに あいたいのですか。

（　　　）

(5) ちちしぼりの ほかに おもい出《で》に のこって いるのは、どんな ことですか。

（　　　）

時間 15分
得点 点
答え 16ページ

学習した日 月 日

1 しを よんで、もんだいに こたえなさい。

□

斉藤《さいとう》 静子《しずこ》

あか しろ
そらいろ むらさき
①ハンカチ たくさん
にぎりしめて いるの
だあれ

一

はやおきしてね
あさを ② つつんで いるの
ハンカチに ③つつんで いるの

二

(1) ①ハンカチと ありますが、

あ これは なにを たとえた ことばですか。〔10点〕

( )

い どんな いろが ありますか。四《よっ》つ かきぬきなさい。一つ5〔20点〕

( ) ( ) ( ) ( )

(2) ② に 入《はい》る ことばを 一《ひと》つ えらんで、○を つけなさい。〔10点〕

ア( )ふっと イ( )そっと ウ( )じっと

(3) ③つつんで いるのと ありますが、なにを つつんで いるのですか。二《ふた》つ かきなさい。一つ10〔20点〕

( ) ( )

あっ　ひらいた
ハンカチは　あさがお

三

てんとう虫《むし》まで　つつんじゃって
ごめん　ごめん

四

あか　しろ
そらいろ　むらさき
あさがおが　さいて　いる

五

(4) 三で　えがかれて　いるのは　なにの　どんな　ようすですか。〔10点〕

（　　　　）

(5) この　しの　だいめいは　なんですか。一《ひと》つ　えらんで、○を　つけなさい。〔15点〕

ア（　）夏《なつ》の　朝《あさ》
イ（　）てんとう虫《むし》
ウ（　）たのしい　さんぽ

(6) この　しでは、一・三・五と　二・四で、かきはじめの　いちが　ちがいます。なんの　ために　かえて　いるのですか。一《ひと》つ　えらんで、○を　つけなさい。〔15点〕

ア（　）あさがおの　花《はな》が、いろいろな　たかさで　さいて　いる　ことを　あらわす　ため。

イ（　）花《はな》が　さくまでに　ながい　じかんが　たった　ことを　あらわす　ため。

ウ（　）しを　かいた　人《ひと》と　あさがおが　はなして　いる　ようすを　あらわす　ため。

12 ばめんを つかもう

標準レベル

たしかめよう

答え 17ページ

1 文《ぶん》しょうを よんで、もんだいに こたえなさい。

あたりを みまわすと、みおぼえの ない きが ちいちゃんを みおろして いました。

ここは、ようく しって いる どんぐりの はやしでは ありません。

①「おかあさあん。」

おおごえで よんで みました。

けれど、もりの なかは、しいんと しずか。

おかあさんの へんじは、きこえません。

もどろうにも どっちから きたのか、わかりません。

②「まいごに なっちゃった……。」

なみだが ぽろりと こぼれました。

〈高橋《たかはし》たまき「ぶなぶなもりの くまばあば」による〉

(1) ①おかあさあん。とは、だれが どこで いった ことばですか。

（　　　）が（　　　）で いった ことば。

(2) まわりは、どんな ようすですか。一《ひと》つ えらんで、○を つけなさい。

ア（　）おかあさんの こえが きこえる ようす。

イ（　）どうぶつが いて、にぎやかな ようす。

ウ（　）しずかで、なにも 音《おと》が しない ようす。

(3) ②なみだが ぽろりと こぼれました。と ありますが、なぜですか。

（　　　）から。

ヒント まいごに なった ときの 気《き》もちを そうぞうする。

知っトク!ポイント 6ページ

学習した日　月　日

2 文《ぶん》しょうを よんで、もんだいに こたえなさい。

「おうい。そこで なに してる。」

トラクターの 音《おと》が やみ、とうさんが あらわれました。

なにも いわないのに、①とうさんは しって いました。

「ばかだなあ。そんな ちょうしでは、ヒバリのたまごは 見《み》つからん。」

「ぜったい、見《み》つけるもん。」

「いいか。おこうは かしこいんだ。どこを さがして いた。」

「ヒバリ、空《そら》から おりて きた ところ。」

「それでは ②だめだあ。人《にん》げんや ハヤブサを だます ために、おりてから ずうっと あるいて、とんでもない ところに すを つくる。」

「へえ。ほんと。③いい こと きいた。」

タカシは、さっそく はいつくばって、すすんで いきました。

〈加藤多一《かとうたいち》「ヒバリヒバリ」による〉

(1) ①とうさんは しって いましたと ありますが、なにを しって いたのですか。一《ひと》つ えらんで、○を つけなさい。

ア（　）タカシが どこへ いくのか。

イ（　）タカシが なにを して いるのか。

ウ（　）タカシが どんなに かしこいか。

(2) とうさんは、タカシが どう して いる ことを ②だめだあと いったのですか。

（　　　　　　　　）こと。

(3) ③いい こととは、どんな ことですか。

ヒバリが、（　　　　　　　　）に すを つくると いう こと。

ヒント とうさんが はなした ことばに ちゅうもくする。

ハイレベル

ふかめよう

答え 17ページ

1 文《ぶん》しょうを よんで、もんだいに こたえなさい。

もりに あらしが やって きました。

はげしい あめと かぜで、さすがに きつねも いえから でられません。

「①ちぇっ、たいくつだな。」

ふと、うさぎは なにを して いるんだろう、と おもいました。

ひとりで いえに いる ことが、ますます つまらなく なりました。

やがて あらしは すぎさり、きょうは、あおい えのぐで ぬりたての ような そらが ひろがって います。

きつねは さっそく いえを とびだし、どろんこあそびを はじめました。

そこへ いたちが とおりかかりました。

「ふん。なにが 『おかあさん』だ。なにが 『おたんじょうびの プレゼント』だ。④ざまあみろ!」

きつねは、その どちらも もって いませんでした。

〈礒《いそ》みゆき「みてても、いい?」による〉

(1) ①ちぇっ、たいくつだな。と ありますが、きつねが たいくつして いるのは、なぜですか。

(2) ②とんでもないと ありますが、いたちが こう おもったのは、なぜですか。一《ひと》つ えらんで、○を つけなさい。

ア( )きつねと あそぶと、いつも いじわるを されるから。

イ( )だいじな シャツが よごれるのが いやだから。

ウ( )シャツを よごすと、おかあさんに しかられるから。

学習した日 月 日

「おい、いたち、あそんで やるよ。どろだんご
つくろうぜ。」

いたちは、②とんでもない、と いう かおで、くびを ふりました。

「ごめんね。きょうは あそべないんだ。だいじな シャツが よごれるからね。これ、おかあさんが おたんじょうびの プレゼントに ぬって くれたんだよ。」

いたちは、うれしそうに むねを はりました。

まぶしいくらい、まっしろな シャツです。

ベシャッ

いたちの しろい シャツに、③まっくろい ほしの もようが つきました。

きつねが、いきなり、もって いた どろだんごを なげつけたのです。

「なに すんだよ！ ひどいよ！」

いたちは、なきながら にげて いきました。

(3) ③まっくろい ほしの もようと ありますが、それは なんですか。

（　　　　）

(4) ④ざまあみろ！と ありますが、この ときの きつねの 本《ほん》とうの 気《き》もちを 一《ひと》つ えらんで、○を つけなさい。

ア（　）いたちが あそんで くれなくて、ひとりぼっちで さびしい。

イ（　）いやみな いたちを こらしめる ことができて、うれしい。

ウ（　）おかあさんに プレゼントを もらえるいたちが うらやましい。

(5) この 文《ぶん》しょうを じかんや ばしょで 大《おお》きく 二《ふた》つに わけると すると、二《ふた》つ目《め》の ばめんは どこからに なりますか。はじめの 三字《さんじ》を かきぬきなさい。

13 気《き》もちを つかもう ①

標準レベル　たしかめよう　答え 18ページ

1 文《ぶん》しょうを よんで、もんだいに こたえなさい。

「ファホーッ……①まずいぞ、こりゃあ…。」

ガオーッと ほえた つもりでも、ファホーッに なって しまいます。

「きのう、あんなに ほえるからだよ。」

ライオンの おりの となりで、クロヒョウが いいました。あさごはんを たべたばかりで、口《くち》の まわりを、ぺろぺろ なめながら しゃべって います。

「そんな こと いったって、しようが ないじゃろうが。」

ライオンは、ふとい 木《き》の えだに うつぶせに なって いる クロヒョウに かおを むけて、かすれた こえで こたえました。

クロヒョウは、そう いって、大《おお》きな あくびを しました。

「いいや、そうは いかん。こうやって、どうぶつえんに いるいじょう、やるべき ことは やらんとな。」

〈斉藤洋《さいとうひろし》「どうぶつえんの いっしゅうかん」による〉

(1) ライオンが ①まずいと おもった ことを 一《ひと》つ えらんで、○を つけなさい。

ア（　）あさごはんを たべた こと。

イ（　）こどもたちを こわがらせた こと。

ウ（　）こえが かすれて、ほえられない こと。

(2) ①まずい ことに なったのは、なぜですか。

（　　　　　　　　　　）から。

ヒント クロヒョウの ことばに ちゅうもくする。

知っトク!ポイント 6ページ

学習した日　月　日

「だいたい　ライオンさんは、②サービスの　しすぎなんだよ。人《にん》げんが　きたって、おれみたいに、ねてりゃあ　いいのに。」

「でも、そんな　こと　いっても、人《にん》げんの　こどもたちは、わしが　ガオーッて　ほえるのを　たのしみに　して　いるんじゃから。」

「たのしみに　して　いるなんて、［③］　いるだけじゃ　ないか。ばかばかしい。」

　クロヒョウは　そう　いうと、木《き》の　えだから　とびおり、コンクリートの　ゆかに、ごろりと　よこに　なりました。そう　やって　よこに　なると、はん日《にち》は　そのままです。

「そうさ。わしが　ほえると、こどもたちは　こわがるんじゃ。一《ひと》こえ　ほえると、二《に》れつに　ならんだ　こどもたちが、いっせいに　ちぢみあがって、一《いっ》ぽ　さがる。二《ふた》こえなら　二《に》ほじゃ。だが、こわがりながら、うれしがっても　いるからな。」

「どっちに　したって、そんな　サービスを　する　ことは　ないんだ。」

(3)　②サービスとは、ライオンの　ばあい、どう　する　ことですか。

（　　　　　　　　）こと。

(4)　［③］に　入《はい》る　ことばを　一《ひと》つ　えらんで、○を　つけなさい。

ア（　）よろこんで　　イ（　）がっかりして

ウ（　）こわがって

(5)　サービスを　する　ライオンの　気《き》もちを　二《ふた》つ　えらんで、○を　つけなさい。

ア（　）クロヒョウの　たのみなら　しかたない。

イ（　）じぶんの　やくめを　はたしたい。

ウ（　）見《み》に　きた　こどもを　よろこばせたい。

エ（　）もっと　らくな　しごとが　したい。

!ヒント　ライオンの　いった　ことばから　かんがえる。

(6)　サービスを　する　ことに　ついて、クロヒョウは　どのように　かんがえて　いますか。

（　　　　　　　　）

ハイレベル

ふかめよう

答え 18ページ

1 つぎの 文《ぶん》しょうは、*ろう石《せき》を かいに いった ときに じてん車《しゃ》を なくした 「ぼく」の はなしです。よく よんで、もんだいに こたえなさい。

おひさまは、ぼくの あたまの ま上《うえ》に ある。一日《いちにち》は、やっと はんぶん おわった ところだ。じてん車《しゃ》 なしで、あとの はんぶんを どう しよう。

ぼくの いえの となりの はらっぱを、おひさまが あかるく てらして いる。日《ひ》かげに 立《た》って いる ぼくには まぶしく 見《み》える。まるで、しょうめいに てらしだされた 学校《がっこう》の ホールの ぶたいだ。これから 学《がく》げいかいが はじまるみたいだし、もう おわって しまったみたいでも ある。

ぼくは ①はらっぱへ はいって いった。

ポケットに 手《て》を 入《い》れると、ろう石《せき》が 出《で》て きた。

ちえっ、ろう石《せき》なんか かいに

いたけれど、やがて うごかなく なった。

ぼくは ⑤しっぽを ぶら下《さ》げた。

なんて はらっぱは しずかなんだろう。せかい中《じゅう》の 人《ひと》たちは、みんな じぶんの じてん車《しゃ》に のって、どこかへ あそびに いって しまったんだ。せかい中《じゅう》は からっぽ。ぼくは からっぽな せかいの まん中《なか》に、一人《ひとり》ぼっちで 立《た》って いる。

〈舟崎靖子《ふなざきやすこ》「やい、とかげ」による〉

*ろう石《せき》…ろうに にた やわらかい 石《いし》。

(1) ①はらっぱへ はいって いった 「ぼく」の ようすを 一《ひと》つ えらんで、○を つけなさい。

ア（　）なにを して あそぼうかと、わくわくしながら かんがえて いる。

イ（　）じてん車《しゃ》が ないので、みんなと あそべずに たいくつして いる。

ウ（　）なくした じてん車《しゃ》を さがそうと、ひっしに なって いる。

学習した日　月　日

いかなければ、ぼくは いまごろ ひがし町《まち》こうえんで やきゅうを して いただろうな。ぼくが いなくて、だれが ピッチャーを やって いるんだろう。②こんな ろう石《せき》、すてて しまえ。

ぼくは、ろう石《せき》を はらっぱの すみに なげて しまおうと、ピッチャーの ポーズを とった。

すると、ぼくは だれかの よこ目《め》を かんじた。ぼくを 見《み》て いたのは、石《いし》の 上《うえ》の 一《いっ》ぴきの とかげだった。

「やい、じてん車《しゃ》を なくして いい きみだぞ。」

とかげの よこ目《め》は そう いって いた。

なまいきな とかげを おどろかせて やろうと、ぼくは とかげの いる 石《いし》に ③ろう石《せき》を なげた。

ナイスピッチングだ。ろう石《せき》は 石《いし》に あたった。けれど、それだけでは なかった。石《いし》に あたった ろう石《せき》は バウンドして、とかげに あたった。

ぼくは ④いきを のんだ。

石《いし》の 上《うえ》に、とかげの しっぽだけが のこった。のこった しっぽは しばらく うごいて

(2) ②こんな ろう石《せき》、すてて しまえ。と「ぼく」が おもったのは、なぜですか。

ろう石《せき》を かいに いった ために、（　　　　）から。

(3) 「ぼく」は、どんな 気《き》もちで ③ろう石《せき》を なげたのですか。

（　　　　）

(4) 「ぼく」が ④いきを のんだのは、なぜですか。

（　　　　）

(5) ⑤しっぽを ぶら下《さ》げた ときの 「ぼく」の 気《き》もちを 一《ひと》つ えらんで、○を つけなさい。

ア（　）じゆうに あそべず、とても くるしい。

イ（　）じぶんだけ とりのこされて、さびしい。

ウ（　）とかげが いなく なって、つまらない。

14 気《き》もちを つかもう ②

標準レベル

たしかめよう

答え 19ページ

1 あなぐまの クリーニングやさんの ところに、ライオンさんが きた はなしです。よく よんで、もんだいに こたえなさい。

「わたしの ようふくを おねがいしたいのだが。」

①「は、はい はい。」

あなぐまさんは、きんちょうして、からだが ぼうのように かたく なりました。

「これは、わたしの だいじな ものでしてね。」

（なんて すばらしい えんびふく……。）

あなぐまさんは ほうっと、②おおきな ためいきを つきました。

（だいじな ものを、わざわざ もって きて くれるなんて、ほんとうに うれしい ことだ。きれいに しあげなくちゃ。）

あなぐまさんは、しごとだい いっぱいに う

⑦ああっ！

うわぎの せなかに、アイロンの こげあとが くっきりと のこって しまいました。

〈正岡慧子《まさおかけいこ》「あなぐまのクリーニングやさん」による〉

(1) ①は、はい はい。と いった とき、あなぐまさんは どんな 気《き》もちでしたか。

（　　　　）気《き》もち。

!ヒント あなぐまさんの からだが かたく なって いる。

(2) ②おおきな ためいきを つきましたと ありますが、その ときの あなぐまさんの 気《き》もちを 一《ひと》つ えらんで、○を つけなさい。

ア（　）ライオンさんから たのまれた しごとが たいへんなので、いやに なって いる。

イ（　）ライオンさんの もって きた ふくが すばらしいので、かんしんして いる。

知っトク！ポイント 6ページ

学習した日　月　日

わぎを　ひろげ、どんな　よごれも　みおとさないように、③すみから　すみまで　てんけんを　しました。

　つぎは、ドライ・クリーニングです。あなぐまさんは、ぐるぐる　まわる　④きかいから、ひとときも　めを　はなしません。

　さて、ここからが　あなぐまさんの　うでのみせどころです。ひろげた　うわぎに　アイロンを　かけます。じょうきが、しゅわあと　おとをたてました。

⑤（きを　つけて、きを　つけて。）

　あなぐまさんの　ひたいに、あせが　にじみました。

　りりりいん、とつぜん　でんわが　なりました。

　あなぐまさんは　びっくり。

　アイロンを　おいて、でんわの　そばへ　かけよりました。でも、ちょっぴり　あわてた　あなぐまさん、あしに　アイロンの　コードが　からまりました。⑥「おっ、とっとっと！」

　アイロンが　ごとん、ぱたり。

ウ（　）ライオンさんが　とても　こわそうなので、
　きんちょうして　いる。

ヒント　えんびふくを　見《み》て、ためいきを　ついて　いる。

(3)　——せん③や　——せん④、——せん⑤から、あなぐまさんの　どんな　しごとの　しかたが　わかりますか。あう　ものを　すべて　えらんで、○を　つけなさい。

ア（　）ていねい　イ（　）いいかげん

ウ（　）らんぼう　エ（　）ちゅういぶかい

オ（　）いっしょうけんめい

(4)　あなぐまさんが　つぎのように　いったのは、どんな　ことが　おこったからですか。

⑥おっ、とっとっと！

（　　　　　　　　　　）

⑦ああっ！

（　　　　　　　　　　）

ハイレベル ふかめよう

答え 19ページ

1 文《ぶん》しょうを よんで、もんだいに こたえなさい。

あなぐまさんは、しばらく ①うつぶせに なった まま、じっと して いました。そして、「どう しよう、どう しよう。」と、うわごとのように、なんども つぶやきました。

やっと あなぐまさんは かおを あげました。そして、さいごまで アイロンを かけおえると、ひとはり ふたはりと こげあとの ついた うわぎに ②はりを さして いきました。

よるの 十二《じゅうに》じを すぎても、あなぐまさんは、ひとときも やすまず ぬいつづけました。

あくるひの こと、あなぐまさんは えんびふくを もって、ライオンさんの ところへ でかけました。あなぐまさんは しょうじきに はなしを して、こころから ライオンさんに あやまりました。ライオンさんは、だまって うなずき……

←

んが こころを こめて ぬいあげた ししゅうの ライオンさんが、ゆっくりと うごきはじめました。

……しんぱいしないで……

ライオンさんの こえが、きこえたような きが しました。

(よかった、④ほんとうに よかった。)

〈正岡慧子《まさおかけいこ》「あなぐまのクリーニングやさん」による〉

学習した日　月　日

(1) ①うつぶせに なって いる ときの あなぐまさんの 気《き》もちを 一《ひと》つ えらんで、○を つけなさい。

ア( )こげあとの ことを すまなく おもい、どう したら いいかと こまって いる。

イ( )こげあとの ことを ライオンさんに いうか どうか まよって いる。

ウ( )こげあとの ことで ライオンさんに しかられて、かなしんで いる。

(2) ②はりを さしてと ありますが、あなぐまさんは、なにを して いたのですか。

郵　便　は　が　き

おそれいりますが，切手をおはりください。

1418426

東京都品川区西五反田２－11－８
(株)文理

「トクとトクイになる！
小学ハイレベルワーク」
アンケート 係

ご住所	〒　都道府県　市区郡　電話　－　－				
お名前	フリガナ		男・女	**学年**	年
お買上げ月	年　月	**学習塾に**	□通っている　□通っていない		
スマートフォンを	□持っている　□持っていない				

＊ご住所は町名・番地までお書きください。

✂はがきで送られる方はここを切り取ってください。

「トクとトクイになる！ 小学ハイレベルワーク」をお買い上げいただき，ありがとうございました。今後のよりよい本づくりのため，裏《うら》にありますアンケートにお答えください。

アンケートにご協力くださった方の中から，抽選《ちゅうせん》で（年２回），**図書カード 1000 円分**をさしあげます。（当選者の発表は賞品の発送をもってかえさせていただきます。）なお，このアンケートで得た情報《じょうほう》は，ほかのことには使用いたしません。

《はがきで送られる方》

① 左のはがきの下のらんに，お名前など必要事項《じこう》をお書きください。
② 裏《うら》にあるアンケートの回答を，右にある回答記入らんにお書きください。
③ 点線にそってはがきを切り離《はな》し，お手数ですが，左上に切手をはって，ポストに投函《とうかん》してください。

《インターネットで送られる方》

文理のホームページよりアンケートのページにお進みいただき，ご回答ください。

https://portal.bunri.jp/questionnaire.html

アンケート

●次のアンケートにお答えください。回答は右のらんにあてはまる□をぬってください。

[1] 今回お買い上げになった教科は何ですか。
①国語　②算数　③理科　④社会

[2] 今回お買い上げになった学年は何ですか。
①1年　②2年　③3年
④4年　⑤5年　⑥6年
⑦1・2年(理科と社会)　⑧3・4年(理科と社会)

[3] この本をお選びになったのはどなたですか。
①お子様　②保護者様　③その他

[4] この本を選ばれた決め手は何ですか。(複数可)
①内容・レベルがちょうどよいので。
②カラーで見やすく，わかりやすいので。
③「答えと考え方」がくわしいので。
④中学受験を考えているので。
⑤自動採点 CBT がついているので。
⑥付録がついているので。
⑦知り合いにすすめられたので。
⑧書店やネットなどですすめられていたので。
⑨その他

[5] どのような使い方をされていますか。(複数可)
①お子様が一人で使用
②保護者様とごいっしょに使用
③答え合わせだけ，保護者様とごいっしょに使用
④その他

[6] 内容はいかがでしたか。
①わかりやすい　②ややわかりにくい
③わかりにくい　④その他

[7] 問題の量はいかがでしたか。
①ちょうどよい　②多い　③少ない

[8] 問題のレベルはいかがでしたか。
①ちょうどよい　②難しい　③やさしい

[9] ページ数はいかがでしたか。
①ちょうどよい　②多い　③少ない

[10] 表紙デザインはいかがでしたか。
①よい　②ふつう　③よくない

[11] 別冊の「答えと考え方」はいかがでしたか。
①ちょうどよい　②もっとくわしく
③もっと簡単でよい　④その他

[12] 付属の自動採点 CBT はいかがでしたか。
①役に立つ　②役に立たない
③使用していない

[13] 役に立った付録は何ですか。(複数可)
①しあげのテスト（理科と社会の1・2年をのぞく）
②問題シール（理科と社会の1・2年）
③ WEB でもっと解説（算数のみ）

[14] 学習記録アプリ［まなサポ］はいかがですか。
①役に立つ　②役に立たない　③使用していない

[15] 文理の問題集で，使用したことのあるものがあれば教えてください。(複数可)
①小学教科書ワーク
②小学教科書ドリル
③小学教科書ガイド
④できる!!がふえる♪ドリル
⑤トップクラス問題集
⑥全科まとめて
⑦ハイレベル算数ドリル
⑧その他

[16]「トクとトクイになる！ 小学ハイレベルワーク」シリーズに追加発行してほしい学年・分野・教科などがありましたら，教えてください。

[17] この本について，ご感想やご意見・ご要望がありましたら，教えてください。

[18] この本の他に，お使いになっている参考書や問題集がございましたら，教えてください。また，どんな点がよかったかも教えてください。

アンケートの回答：記入らん

[1] □①　□②　□③　□④
[2] □①　□②　□③　□④　□⑤　□⑥　□⑦　□⑧
[3] □①　□②　□③(　　　)
[4] □①　□②　□③　□④　□⑤　□⑥　□⑦　□⑧　□⑨(　　　)
[5] □①　□②　□③　□④(　　　)
[6] □①　□②　□③　□④(　　　)
[7] □①　□②　□③　｜ [9] □①　□②　□③
[8] □①　□②　□③　｜ [10] □①　□②　□③
[11] □①　□②　□③　□④(　　　)
[12] □①　□②　□③
[13] □①　□②　□③
[14] □①　□②　□③
[15] □①　□②　□③　□④　□⑤　□⑥　□⑦　□⑧(　　　)
[16]
[17]
[18]

ご協力ありがとうございました。トクトク小学ハイレベルワーク

きました。

なんにちか　たって、あなぐまさんの　ところに、ライオンさんから　おんがくかいの　しょうたいじょうが　とどきました。

「ゆるして　くれたのだろうか。」

あなぐまさんは、へやじゅうを　あっちへ　いったり、こっちへ　いったり。なんだか　③きもちが　おちつきません。

おんがくかいは、まちで　いちばん　おおきな　げきじょうで　おこなわれました。

かいじょうは　まんいんです。

はじまりの　ベルが　なると、ぶたいに　ずらりと　えんそうしゃが　ならびました。そして、はくしゅに　むかえられて　でて　きたのは、

（あっ、ライオンさんだ。ライオンさんは　しきしゃだったんだ。）

ライオンさんが　きゃくせきに　せなかを　むけました。

（あっ！　あれは……。）

ゆれる　ライオンさんの　せなかで、あなぐまさ

せなかの（　　　）を　かくす　ために

（　　　）を　ぬって　いた。

(3) ②はりを　さして　いる　ときの　あなぐまさんの　気《き》もちを　一《ひと》つ　えらんで、○を　つけなさい。

ア（　）おれい　イ（　）おわび

ウ（　）あきらめ

(4) ③きもちが　おちつきませんと　ありますが、なぜですか。

（　　　）

(5) あなぐまさんが　④ほんとうに　よかったと　おもったのは、なぜですか。

（　　　）

時間 20分　得点　点　答え 20ページ

学習した日　月　日

1 つぎの 文《ぶん》しょうは、パウと いう ぞうの はなしです。よく よんで、もんだいに こたえなさい。

パウたちが おかの うえに ついた ちょうど その とき、

「ライオンだ。ライオンが きたぞうっ。」

しまうまの むれから こえが あがった。

「①こどもたちを まんなかに あつめろ!」「まるく なるんだ。」

しまうまたちは、こどもや おなかに あかちゃんの いる おかあさんを まんなかに して、あたまを よせあって まるく なった。ライオンは その まわりを ぐるぐる まわって いる。

「こわいよう。」

しまうまの こどもたちが ②なきだした。

「がんばれ、にげだすんじゃ ないぞ。」

「ライオンめ、すこしでも ちかづいたら じま

←

(1) ①こどもたちを まんなかに あつめろ!と ありますが、なんの ために このように するのですか。〔15点〕

（　　　　　）

(2) ――せん②や ――せん④の ときの、しまうまの こどもたちや ぼうやの 気《き》もちを ア〜オから 一《ひと》つずつ えらんで、（　）に きごうを かきなさい。一つ15〔30点〕

②なきだした とき（　　）

④ないて いる とき（　　）

ア かなしんで いる。
イ あんしんして いる。
ウ こわがって いる。
エ がっかりして いる。
オ たのしんで いる。

んの うしろあしで けって やる！」[あ]
おとなの しまうまたちは、こえを かけあい、はげましあって いる。
ライオンが パウに おそいかかって くる。[い]
バシッ！ パウは はなを ふりまわし、ライオンを はねとばす。
③バシッ、バシッ、バシッ！
「まけるもんか！ しまうまの おばさんを たすけるんだ。」
パウは ひっしで たたかいつづける。[う]
「ありがとう、パウ。」
しまうまの おかあさんが めに なみだを ためて ほほえむ。
「おかあさん！ おかあさん よかった。おにいちゃん、ありがとう。」
しまうまの ぼうやも ④ないて いる。しまうまの むれの あちこちから こえが あがる。
⑤「ありがとう。」「ありがとう、パウ。」[え]

〈木村裕一《きむらゆういち》「こぞうのパウのだいぼうけん」による〉

(3) こどもたちが ②なきだした とき、おとなの しまうまたちは、どんな ようすでしたか。それが わかる 一文《いちぶん》を かきぬきなさい。〔15点〕

（　　　　）

(4) ③バシッ、バシッ、バシッ！とは、だれが、だれを どのように して いる 音《おと》ですか。〔15点〕

（　　　　）

(5) 上《うえ》の 文《ぶん》しょうでは、つぎの 文《ぶん》が ぬけて います。[あ]～[え]の どこに 入《い》れれば よいですか。（　）に きごうを かきなさい。〔10点〕

とうとう ライオンたちは にげだした。

（　　　　）

(6) みんなは、なぜ ⑤ありがとう。と いって いるのですか。〔15点〕

（　　　　）

15 はなしの すじを つかもう

標準レベル

たしかめよう

答え 21ページ

知っトク!ポイント 7ページ

学習した日　月　日

1 文《ぶん》しょうを よんで、もんだいに こたえなさい。

大《おお》むかし、アラビアに、カナナと よばれる しょう人《にん》が いました。この しょう人《にん》は、ながい たびに でる とき、ひつじの いぶくろを かわかした ふくろに、やぎの おちちを いれて、もって いきました。一日《いちにち》じゅう あるいた あとに、①その ふくろを あけて みました。すると、ふくろに いれて いた やぎの おちちが、②白《しろ》い かたまりに なって いたと いう でんせつが あります。

これは、ひつじの いぶくろの なかに ある、レンニンと いう ものの はたらきで、やぎの おちちが かたまって、チーズに なったのだと、かんがえられました。

〈高野澄《たかのきよし》「いろいろなたべもののはじまり」による〉

(1) ①その ふくろとは どんな ものですか。

（　　　　）を かわかした もの。

(2) ②白《しろ》い かたまりと ありますが、

あ 白《しろ》い かたまりに なったのは、なんの はたらきに よってですか。

（　　　　）

い 白《しろ》い かたまりとは なんですか。

（　　　　）

(3) この 文《ぶん》しょうは なにに ついて せつめいして いますか。一《ひと》つ えらんで、○を つけなさい。

ア（　）アラビアの しょう人《にん》

イ（　）ひつじの いぶくろ

ウ（　）チーズの はじまり

ヒント 本《ほん》の だいめいからも かんがえる。

2 文《ぶん》しょうを よんで、もんだいに こたえなさい。

お金《かね》が なかった じだい、人《ひと》びとは おたがいに、ほしい ものと ものを こうかんしあって いた。
たとえば、山《やま》に すんで いる 人《ひと》と、うみの そばに すんで いる 人《ひと》どうしが、おたがいに 山《やま》で とれた にくや やさいを、うみで とれる さかななどに こうかんして いた わけだ。
これを ①「ぶつぶつこうかん」と いう。でも、ぶつぶつこうかんでは、いつも ひつような もの どうしを こうかん できるとは かぎらない。
「きょうは さかなは いらないよ。この やさいは 貝《かい》と こうかんするんだ」と いわれて しまうと、やさいが ほしかった 人《ひと》は こうかん できない ことに なって しまう。
そこで ②かんがえだされたのが、だれもが おなじ かちを みとめる ものを よういし、③それを なかだちに して、ほしい ものを こうかんする しくみ。だれもが おなじ かちを みとめる もの——これが ④ の はじまりと いう わけだ。

〈内海準二《うつみじゅんじ》「お金《かね》の大常識《だいじょうしき》」（ポプラ社刊）による〉

(1) ①ぶつぶつこうかんとは、どう する ことですか。

（　　　　　）こと。

(2) ②かんがえだされたと ありますが、かんがえだす ひつようが あったのは、なぜですか。

ぶつぶつこうかんでは、（　　　　　）から。

(3) ③それとは どんな ものの ことですか。

（　　　　　）もの。

(4) ④ に 入《はい》る ことばを 一《ひと》つ えらんで、○を つけなさい。

ア（　）こうかん　イ（　）お金《かね》　ウ（　）つきあい

ヒント 「だれもが おなじ かちを みとめる もの」の こと。

答え 21ページ

1 文《ぶん》しょうを よんで、もんだいに こたえなさい。

じゅくした ドングリは、じぶんの おもみで おちますが、うたのように「ころころ」ころがって ゆく ことは、めったに ないようです。山《やま》の、草《くさ》の 生《は》えて いない さかみちに おちれば、ころがって ゆきます。しかし、たいていは、草《くさ》むらや、やぶの 中《なか》に ポトンと おちて、①そこで とまって しまいます。

木《き》や 草《くさ》の みは、どれも みな、②たねを できるだけ とおくへ ちらす しくみを もって います。

赤《あか》や むらさき、きいろなど、あざやかな いろを した みは、とりに たべられて、たねが はこばれます。

みの 一《いち》ぶが、かぎや とげに なった ものは、どうぶつに くっついて、ヒッチハイクを します。

(1) ①そことは どこの ことですか。

（　　　　　　　）

(2) ②たねを できるだけ とおくへ ちらす しくみには、どんな ものが ありますか。正《ただ》しい くみあわせに なるように、――で つなぎなさい。

あ あざやかな いろの み ・　・ア かぜに のって はこばれる。

い かぎや とげの ついた み ・　・イ どうぶつに くっついて はこばれる。

う うもうや つばさの ついた み ・　・ウ とりに たべられて はこばれる。

(3) ③「おちる」だけの みや たねは、どのように して むれを ひろげて いくのですか。正《ただ》しい じゅんに なるように、（　）に ばんごうを かきなさい。

あ（　）おやしょくぶつの ちかくに みや たねを おとす。

学習した日　月　日

うもうや　つばさを　もった　みの　たねは、かぜに　のって、ちって　ゆきます。

ところが、ドングリや　コスモス、マツヨイグサなどのように、③「おちる」だけの　みや　たねは、とおくへ　ちって　ゆく　ことは　できず、おやしょくぶつの　ちかくへ　おちる　ことが　おおいのです。そのため、④たねが「おちる」しょくぶつは、一《いっ》かしょに　まとまって　生《は》えて、大《おお》きな　むれを　つくります。

そして、つぎは　むれの　まわりに　生《は》えて　いる　しょくぶつが、むれの　そとに　たねを　おとします。こうして、たねが「おちる」しょくぶつは、むれを　ひろげて　いきます。

しかし、この「おちる」だけの　みや　たねも、たかい　くきや　えだから　おちるとか、ほそくて　かぜに　ゆれやすい　くきや　えだから　おちると　いった　ほうほうで、⑤できるだけ、とおく　おちる　しくみに　なって　います。

〈埴沙萠《はにしゃぼう》「ドングリ」による〉

い（　）むれの　まわりの　しょくぶつが、むれの　そとに　たねを　おとす。

う（　）おやしょくぶつの　ちかくに　おちた　たねが　そだち、大《おお》きな　むれを　つくる。

(4) ④たねが「おちる」しょくぶつと　して　なにが　あげられて　いますか。三《みっ》つ　かきぬきなさい。

（　　）

（　　）

（　　）

(5) ⑤できるだけ、とおく　おちる　しくみと　ありますが、「おちる」だけの　みや　たねは、どんな　ほうほうで　とおくへ　おちるのですか。二《ふた》つ　かきなさい。

（　　）

（　　）

16 なにが かいて あるかを つかもう

知っトク! ポイント 7ページ

学習した日　月　日

標準レベル

たしかめよう

答え 22ページ

1 文《ぶん》しょうを よんで、もんだいに こたえなさい。

夕《ゆう》やけの 西空《にしぞら》に かがやく、すばらしい 明《あか》るさの 一番星《いちばんぼし》を みつけた ことが あるでしょう。それが 地球《ちきゅう》の すぐ 内《うち》がわを まわる 金星《きんせい》です。金星《きんせい》は、*惑星一《わくせいいち》の 明《あか》るさで かがやいて みえます。

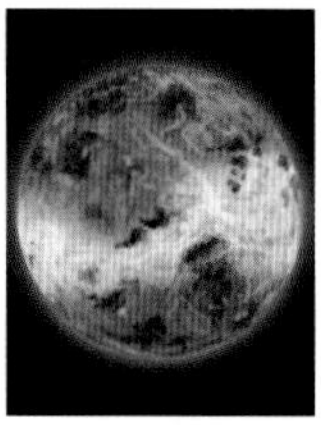

金星《きんせい》は、小《ちい》さな 望遠鏡《ぼうえんきょう》で みると、まるで 月《つき》のように みちかけして みえます。［①］、②その 表面《ひょうめん》には、ほとんど もようらしい ものが みえません。金星《きんせい》が 厚《あつ》い 雲《くも》で、びっしり おおわれて いるからです。雲《くも》の 中《なか》は、温度《おんど》が 五百度《ごひゃくど》ちかい、ものすごく 熱《あつ》い 世界《せかい》です。

〈藤井旭《ふじいあきら》「惑星《わくせい》をみよう」による〉

*惑星《わくせい》…たいようの まわりを まわる 星《ほし》。

(1) 金星《きんせい》は どんな 星《ほし》ですか。

地球《ちきゅう》の すぐ （　　　）を まわって いて、（　　　）は 惑星一《わくせいいち》で ある。

(2) ［①］に 入《はい》る つなぎことばを 一《ひと》つ えらんで、○を つけなさい。

ア（　）だから　イ（　）つまり

ウ（　）でも

ヒント あとには、月《つき》とは ちがう ところが かかれて いる。

(3) ②その 表面《ひょうめん》には、ほとんど もようらしい ものが みえませんと ありますが、それは なぜですか。

（　　　　　　　　）

ヒント 「……から」と いう ことばに ちゅうもくする。

2 文《ぶん》しょうを よんで、もんだいに こたえなさい。

ものを にぎろうと すると、おやゆびは、人《ひと》さしゆびの となりから、くるりと むきを かえる。そして、おやゆびは、ほかの 四本《よんほん》の ゆびと むかいあう かたちを とる。

このように おやゆびが、ほかの ゆびと きちんと むかいあえるのは、ヒトだけ。ここに ①ものを にぎる ひみつが かくされて いるんだ。

チンパンジーや オランウータンや ゴリラなど、②ヒトに ちかいと いわれる サルの なかまでも、ものは つかめる。［③］、ヒトほど おやゆびを ほかの ゆびと しっかり むきあわせる ことは できない。

それは、手《て》を くらべれば、はっきりする。おやゆびの つけねが 大《おお》きく もり上《あ》がって いる ヒトの 手《て》。この きんにくの かたまりが、④おやゆびを くるくる うごかして いるんだ。

〈山本省三《やまもとしょうぞう》「パンダの手《て》には、かくされたひみつがあった！」による〉

(1) ①ものを にぎる ひみつは、ヒトの ゆびの どんな ところに かくされて いるのですか。

（　　　　）

(2) ②ヒトに ちかいと いわれる サルの なかまとは、なんですか。三《みっ》つ かきぬきなさい。

（　　）（　　）（　　）

(3) ［③］に 入《はい》る つなぎことばを 一《ひと》つ えらんで、○を つけなさい。

ア（　）ところで　イ（　）さらに　ウ（　）けれども

ヒント ［③］の あとには、できない ことが かかれて いる。

(4) ④おやゆびを くるくる うごかして いると ありますが、おやゆびを じゆうに うごかせるのは、なんの おかげですか。

（　　　　）の おかげ。

ハイレベル ふかめよう

答え 22ページ

1 文《ぶん》しょうを よんで、もんだいに こたえなさい。

東南《とうなん》アジアの 熱帯林《ねったいりん》では、木材《もくざい》と して 売《う》ったり、アブラヤシなどの 畑《はたけ》を つくる ために木《き》が 切《き》られ、森《もり》が きえて います。

二〇〇〇年《ねん》の 時点《じてん》で、オランウータンの すむ森《もり》は、もともと あった 面積《めんせき》の 約《やく》八〇パーセントが きえたと 考《かんが》えられて いますが、①森《もり》は いまも きえつづけて います。そして、一九八〇年代《ねんだい》から *ひんぱんに おきるようになった ②森林火災《しんりんかさい》に よっても、オランウータンが くらして いける 場所《ばしょ》は ますます せばめられて います。

火災《かさい》が おきやすく なって いる 原因《げんいん》は、森《もり》の 木《き》を 切《き》った ことで 空気《くうき》の 通《とお》りがよく なり、火《ひ》が つきやすく なった こと、畑《はたけ》や 人工林《じんこうりん》を つくる ために 人《ひと》が 森《もり》の

〈真珠《しんじゅ》まりこ「もったいないばあさんと考《かんが》えよう 世界《せかい》のこと 生《い》きものがきえる」による〉

*ひんぱんに…たびたび。しょっちゅう。

*範囲《はんい》…ある かぎられた ひろがり。

(1) ①森《もり》は いまも きえつづけて いますと ありますが、その りゆうを 三《みっ》つ かきなさい。

（　　　　）

（　　　　）

（　　　　）

(2) ②森林火災《しんりんかさい》の 原因《げんいん》では ない ものを 一《ひと》つ えらんで、○を つけなさい。

ア（　）森《もり》の 空気《くうき》の 通《とお》りが よく なり、火《ひ》が つきやすく なった こと。

イ（　）空気《くうき》が かわいて いる うえに、雨《あめ》が ふらなく なった こと。

学習した日　月　日

一部《いちぶ》を 焼《や》きはらって いる ことなどが あげられます。

オランウータンは、木《き》の実《み》や皮《かわ》などを 食《た》べて、一生《いっしょう》の ほとんどを 木《き》の 上《うえ》で すごす ため、「森《もり》の 人《ひと》」と よばれて います。③森《もり》が なくては 生活《せいかつ》する ことが できません。

木《き》が 切《き》られて、森《もり》と 森《もり》が 切《き》りはなされて しまうと、オランウータンは、木《き》を つたいわたって、食《た》べものを さがす ことが できなく なります。④、移動《いどう》する *範囲《はんい》が せまく なる ことで、オスと メスが 出会《であ》うのが むずかしく なり、生《う》まれる 子《こ》どもの 数《かず》が へって しまう ことにも つながるのです。

森《もり》を 切《き》り開《ひら》いて つくられた 農地《のうち》では、人間《にんげん》に 見《み》つかりやすく なり、オランウータンの 子《こ》どもを つかまえて ペットと して 売《う》る ために、母親《ははおや》が 殺《ころ》されて しまう ことも あるそうです。

ウ（　）畑《はたけ》や 人工林《じんこうりん》を つくる ために、人《ひと》が 森《もり》の 一部《いちぶ》を 焼《や》きはらって いる こと。

(3) ③森《もり》が なくては 生活《せいかつ》する ことが できません。と ありますが、森《もり》が ないと、オランウータンは どう なりますか。二《ふた》つ かきなさい。

・木《き》を つたいわたる ことが できないので、

（　　　　）

・移動《いどう》する 範囲《はんい》が せまく なるので、

（　　　　）

(4) ④に 入《はい》る つなぎことばを 一《ひと》つ えらんで、○を つけなさい。

ア（　）また　イ（　）でも　ウ（　）だから

(5) 森《もり》が 切《き》り開《ひら》かれると、どう なりますか。

人間《にんげん》に 見《み》つかりやすく なり、オランウータンの（　　　　）が つかまり、（　　　　）が 殺《ころ》される ことが ある。

17 だいじな ところを つかもう

7ページ

学習した日　　月　　日

標準レベル

答え 23ページ

1 文《ぶん》しょうを よんで、もんだいに こたえなさい。

①たくさんの ムギを しゅうかくするには、まず、よい たねを えらばなければ なりません。そして、えらんだ たねが びょうきに かからないように、しょうどくします。

　ムギの たねは イネと ちがい、②やや かんそうした やわらかな 土《つち》が すきです。土《つち》の 中《なか》に 水《すい》ぶんが おおすぎると 空気《くうき》が ふそくして、ムギの たねは めを だす ことが できません。

　ムギは めを だす ときに、イネより たくさん ＊さんそを ひつようと するのです。

〈鈴木公治《すずきまさはる》「ムギの一生《いっしょう》」による〉

＊さんそ…空気《くうき》の 中《なか》に ふくまれて いる。生《い》きものが 生《い》きる ためには、さんそが ひつよう。

(1) ①たくさんの ムギを しゅうかくするには、どうすれば よいですか。二《ふた》つ かきなさい。

（　　　　）

（　　　　）

(2) ②やや かんそうした やわらかな 土《つち》が すきですと ありますが、それは なぜですか。

（　　　　）

! ヒント 土《つち》が かんそうして いないと、どう なるか。

(3) なにに ついて のべた 文《ぶん》しょうですか。一《ひと》つ えらんで、○を つけなさい。

ア（　）ムギの たねまき

イ（　）ムギばたけ

ウ（　）ムギの しゅるい

2 文《ぶん》しょうを よんで、もんだいに こたえなさい。

①ブロントサウルスは、おなじ なかまの ディプロドクスと ともに、ちきゅうの れきし はじまって いらい、ちじょうでは もっとも 大《おお》きな きょうりゅうだ。

だが からだの 大《おお》きな わりには、ナイトはかせが いうように 気《き》の よわい きょうりゅうだったらしい。

それは、まず、②はの ようすで わかる。

アロサウルスの はが、ライオンの きばのように、とがった はを 上下《じょうげ》に 三十本《さんじっぽん》も もっていたのに くらべ、ブロントサウルスは、口《くち》の さきっちょに こまかいのが ならんで いるだけだ。

③この はは、やわらかい 草《くさ》や 木《き》の めを ひきちぎる やくめしか はたさない。

〈たかしよいち「恐竜《きょうりゅう》のなぞをとく」による〉

(1) ①ブロントサウルスとは、どんな きょうりゅうですか。

（　　　　）

(2) ②はの ようすと ありますが、ブロントサウルスは、どんな はを もって いますか。一《ひと》つ えらんで、○を つけなさい。

ア（　）ライオンの きばのように とがった は。

イ（　）上下《じょうげ》に 三十本《さんじっぽん》も ならんだ は。

ウ（　）口《くち》の さきに ならんだ こまかい は。

(3) ③この はは、やわらかい 草《くさ》や 木《き》の めを ひきちぎる やくめしか はたさない。と ありますが、ここから どういう ことが わかりますか。一《ひと》つ えらんで、○を つけなさい。

ア（　）やわらかい はで あった こと。

イ（　）ライオンよりも よわかった こと。

ウ（　）えさが 草《くさ》や 木《き》の めで あった こと。

!ヒント ひきちぎった 草《くさ》などを どう するのか。

ハイレベル ふかめよう

答え 23ページ

1 文《ぶん》しょうを よんで、もんだいに こたえなさい。

ソフトクリーム、アイスクリーム、シャーベット、かきごおりには ①きょうつうてんが あります。どれも、ひやさずに ほうって おくと、とけて 水《みず》のように なって しまうと いう ことです。

とけて 水《みず》のように なった ソフトクリームや アイスクリームを、②もう 一《いち》ど ひやして みると どう なるでしょうか。れいぞうこの 中《なか》の とくに よく ひえる ところ、③れいとうこの 中《なか》へ いれて おきましょう。しばらく すると、とけた ソフトクリームは、こおりのように かたまります。でも もう、もとの ソフトクリームには もどりません。とても かたい かたまりに なって しまいます。そう いえば、さいころがたの こおりを れいぞうこで つく

アイスクリームも、たいへん 小《ちい》さい こおりの つぶで できて いるのです。つぶの 一《ひと》つ一《ひと》つは かたいのですが、[⑧] から できた アイスクリームは、かたく ないのです。

〈井上祥平《いのうえしょうへい》「かたいもの やわらかいもの」による〉

(1) ①きょうつうてんとは、どんな ことですか。

( )

(2) とけた ソフトクリームを ②もう 一《いち》ど ひやして みると、どう なりますか。一《ひと》つ えらんで、○を つけなさい。

ア( )水《みず》のように なったまま、かたまらない。

イ( )かたい こおりのように かたまる。

ウ( )もとの ソフトクリームに もどる。

(3) ③れいとうことは、どんな ところですか。

( )

学習した日 月 日

る　ときも、四《し》かくい　しきりの　ある　入《い》れものに　水《みず》を　入《い》れて　ひやしますね。④あれと　おなじ　ことです。

ソフトクリームや　アイスクリームも、あたたまって　とけて　水《みず》のように　なる　まえは、こおりと　おなじように　こおって　いた　はずです。

⑤、どうして　こおりの　かたまりのように　かたくは　なくて、やわらかいのでしょうか。

みなさんは、⑥かきごおりの　つくりかたを　しって　いますか。その　名《な》まえの　とおり、はもので　こおりを　かいて（けずって）つくるのです。そこに　あまい　シロップを　かけて　たべますね。こおりの　かたまりを　けずっても、小《ちい》さく　なった　こおりの　かけらの　一《ひと》つ一《ひと》つが　かたい　ことには、かわり　ありません。でも　こおりの　かけらが　小《ちい》さいので、かめば　われるし、口《くち》の　中《なか》の　あたたかさで　すぐ　とけて　しまいます。ですから、⑦かたいとは　かんじないのです。

(4)　④あれと　おなじとは、どういう　ことと　おなじですか。一《ひと》つ　えらんで、○を　つけなさい。

ア（　）水《みず》を　こおらせると　かたく　なる　こと。
イ（　）入《い》れものに　四《し》かくい　しきりが　ある　こと。
ウ（　）さいころの　かたちを　して　いる　こと。

(5)　⑤に　入《はい》る　つなぎことばを　一《ひと》つ　えらんで、○を　つけなさい。

ア（　）だから　イ（　）または
ウ（　）では

(6)　⑥かきごおりとは、どんな　ものですか。

（　　　）

(7)　⑦かたいとは　かんじないのは、なぜですか。

（　　　）

(8)　⑧に　入《はい》る　ことばを　かきぬきなさい。

（　　　）

チャレンジテスト

6章 せつめい文を よむ

時間 20分　得点 点　答え 24ページ

学習した日 月 日

1 文《ぶん》しょうを よんで、もんだいに こたえなさい。

ゾウの はは、①石《いし》うすを 左右《さゆう》に ひとつずつ そなえて いる、と かんがえれば いい。

石《いし》うすと いうのは、二《に》だんに かさなって いる 上《うえ》の あなの 中《なか》に だいずを 入《い》れて とっ手《て》を グルグルと まわすと、上下《じょうげ》の デコボコで だいずが すりつぶされて、かさなって いる すきまから こな、② キナコが 出《で》て くる、と いう こうぞうに なって いる。

ソバの みを 入《い》れれば ソバこに なり、小《こ》むぎを 入《い》れれば、小《こ》むぎこに なる。

二《に》だんがさねの 上《うえ》が 上《うわ》あごの はで、下《した》が 下《した》あごの はと おもえば いい。だから おくばを *きゅうしと いうのだ。

かみあわす めんの デコボコが すりへると、③しんぴんの はに 生《は》えかわる。でも ほかの どうぶつのように、あたらしい はが ふるい は

*きゅうし…「臼《うす》」と いう かん字《じ》を つかって、「臼歯《きゅうし》」と かく。
*ほうがん…おもい てつの 玉《たま》。

(1) ①石《いし》うすには、どんな はたらきが ありますか。一《ひと》つ えらんで、○を つけなさい。 〔10点〕

ア（　）ものを 二《に》だんに かさねる はたらき。
イ（　）ものの デコボコを なくす はたらき。
ウ（　）ものを こまかく すりつぶす はたらき。

(2) ② に 入《はい》る つなぎことばを 一《ひと》つ えらんで、○を つけなさい。 〔10点〕

ア（　）けれど　イ（　）それで　ウ（　）つまり

(3) ③しんぴんの はに 生《は》えかわると ありますが、ゾウと ほかの どうぶつは、それぞれ どんな かたちで 生《は》えかわりますか。 一つ10〔20点〕

・ゾウ
（　　　　）

を　下《した》から　おし上《あ》げる　かたちで　生《は》えて　くるのでは　ない。ゾウの　ばあいは　「水《すい》へいちかん」と　いって、おくから　まえに　おし出《だ》す　かたちで、生《しょう》がいに　六《ろっ》かい　生《は》えかわるのだ。

　ともかく　ゾウの　あたまは、このように　石《いし》うすみたいな　はを　もって　いるし、一〇〇キロ　ちかい　キバが　二本《にほん》も　あるから　とても　おもい。あたまだけで　一《いっ》トンにも　なる。

　さて　きみが、④うでを　まっすぐに　のばして　⑤＊ほうがんを　もって　いたら　どう　なる？　つかれるだろう？　それよりも、うでを　からだに　ひきよせて　もった　ほうが　うでは　いたく　ならないし、つかれない。だから　⑥ゾウの　くびは　みじかく　ふといのだ。

　でも　くびが　みじかいと、こまる　ことが　ある。水《みず》を　のむ　ときや　草《くさ》を　たべる　ときに　口《くち》が　とどかないでは　ないか！

　そこで、⑦はなを　ながく　する　ことに　した。

〈熊谷《くまがい》さとし「クマは『クマッ』となく?!」による〉

・ほかの　どうぶつ

（　　　　）

(4) ④うで・⑤ほうがんと　ありますが、それぞれ　ゾウの　からだの　どの　ぶぶんに　あたりますか。　一つ15〔30点〕

④（　　　　）

⑤（　　　　）

(5) ⑥ゾウの　くびは　みじかくて　ふといのは、なぜですか。一《ひと》つ　えらんで、○を　つけなさい。〔15点〕

ア（　）はなが　ながいので、くびも　ながいと　つかれて　しまうから。

イ（　）ながい　くびで　おもい　あたまを　ささえるのは　たいへんだから。

ウ（　）くびが　ながいと、しょくじを　する　ときに　じゃまだから。

(6) ⑦はなを　ながく　したのは、なぜですか。〔15点〕

（　　　　）

18 ものがたり文《ぶん》の カギを 手《て》に 入《い》れよう

学習した日　月　日

標準レベル　たしかめよう　答え 25ページ

1 文《ぶん》しょうを よんで、もんだいに こたえなさい。

ヒロの いもうと アイちゃんは、一《ひと》つに なったばかりです。

アイちゃんは、はいはいするけど、まだ あるけません。

きのう、ヒロの そばに きて、「おうおうおう。」って、いいました。

「きっと、ヒロちゃんって、よんで いるのよ。」

おかあさんが いいました。

「ヒロちゃんなんて、きこえないよ。」

ヒロは いいました。

おかあさんは、しょっちゅう、アイちゃんを だっこします。

「アイちゃん、アイちゃん、いい子《こ》です。」なんて、ほいほいい、ゆらしたり するのです。

(1) アイちゃんに ついて あう ものを すべて えらんで、○を つけなさい。

ア（　）年《とし》は 一《いっ》さいより 小《ちい》さい。
イ（　）年《とし》は 一《いっ》さい。
ウ（　）ヒロの おとうとで ある。
エ（　）ヒロの いもうとで ある。
オ（　）ひとりで あるく ことが できる。
カ（　）まだ ひとりでは 立《た》てない。
キ（　）ことばを たくさん しゃべる。
ク（　）きちんと した ことばは しゃべれない。

(2) ①がまんしますと ありますが、

あ どんな ことを がまんするのですか。

（　　　　）

い ヒロが がまんするのは、なぜですか。

（　　　　）

「あたしも　だっこして。」って、ヒロも　いいたいのです。

でも、おねえちゃんですから、いえません。

ヒロは、おかあさんの　スカートの　はじをにぎって、①がまんします。

おとうさんは、かいしゃから　かえって　くると、ヒロと　アイちゃんと　いっしょに、おふろに　はいります。

おとうさんは、アイちゃんをだっこして、おゆに　はいります。

あたしも、［②］して　もらいたいって、ヒロは　おもいます。

でも、アイちゃんは、まだ　ひとりで　立《た》てないのですから、かわって　もらうのは　むりです。

ヒロは　やっぱり、がまんしなければ　なりません。

「おねえちゃんより、あかちゃんの　ほうが　いいな。」

③ヒロは、ときどき　おもいます。

〈角野栄子《かどのえいこ》「トラベッド」による〉

(3) ［②］に　入《はい》る　ことばを、文《ぶん》しょう中《ちゅう》から　三《さん》字《じ》で　かきぬきなさい。

(4) ③ヒロは、ときどき　おもいます。と　ありますが、

㋐ どんな　ことを　おもうのですか。

（　　　　）

ヒント　すぐ　まえの　「　」に　ちゅうもく。

㋑ ヒロが　㋐のように　おもうのは、なぜですか。一《ひと》つ　えらんで、○を　つけなさい。

ア（　）あかちゃんなら、いつも　さいしょに　おゆに　入《い》れて　もらえるから。

イ（　）あかちゃんなら、じぶんで　立《た》って　いなくて　いいので、らくだから。

ウ（　）あかちゃんなら、おとうさんや　おかあさんに　あまえられるから。

ヒント　文《ぶん》しょうぜんたいから　ヒロの　気《き》もちを　かんがえる。

ハイレベル

ふかめよう

答え 25ページ

1 文《ぶん》しょうを よんで、もんだいに こたえなさい。

①はじめての マラソンたいかいです。こうていを ぐるりと 五《ご》しゅう。うんどうかいの かけっことは ちがって、すこし ゆっくり はしります。でも あまり のんびりしていては だめ。そこの ところの 力《ちから》かげんが、むずかしいのです。

たかしは あさから はりきっていました。この 日《ひ》の ために、まいあさ おにいちゃんと、マラソンの れんしゅうを して きたのです。もしかしたら ゆうしょう できるかも しれない。そう おもったら むねの どきどきが、とまりませんでした。

「ようい、スタート!」

先生《せんせい》の かけごえで、いっせいに はしりだしました。

(1) ①はじめての マラソンたいかいの あさ、たかしは どんな 気《き》もちでしたか。二《ふた》つ えらんで、○を つけなさい。

ア（　）きんちょうして いた。

イ（　）しずんだ 気《き》もちだった。

ウ（　）はりきって いた。

エ（　）がっかりして いた。

オ（　）つまらなかった。

カ（　）むかむかして いた。

(2) (1)のような 気《き》もちだったのは、なぜですか。りゆうを 二《ふた》つ かきなさい。

（　　　　）

（　　　　）

(3) マラソンが うんどうかいの かけっこと ちがって むずかしいのは、どんな ところですか。

（　　　　）

学習した日　月　日

たかしは　からだが　かるくて、②　はしりました。さいしょの　二《に》しゅうは、だんぜんトップでしたが、三《さん》しゅうめの　とちゅうから、すこし　くるしく　なって、ペースが　おちました。ふと　ふりかえると、野村《のむら》くんが　すぐ　うしろに　せまって　います。

いけない、ぬかされる。あわてて　ダッシュしたけれど、足《あし》が　おもくて、むねが　くるしくて、おもったほど　スピードが　だせません。うしろの　野村《のむら》くんも、③それは　おなじだったらしく、④と　くるしそうな　いきが　きこえて、それ　いじょう　はやくは　はしれないようでした。

あと　のこり　一《いっ》しゅう。その　ときに　なって　きゅうに、野村《のむら》くんが　スピードを　あげて　きました。たかしも　まけては　いられません。さいごの　力《ちから》を　ふりしぼって、ひっしに　はしりました。

(4)　②・④に　入《はい》る　ことばを　それぞれ　えらんで、──で　つなぎなさい。

②　・　　　・はらはら

④　・　　　・はあはあ

　　　　　　・びくびく

　　　　　　・びゅんびゅん

(5)　たかしが、野村《のむら》くんに　さいしょに　ぬかされそうに　なったのは、なんしゅうめですか。

（　　　　）

(6)　③それは　おなじだったと　ありますが、どんな　ことが　野村《のむら》くんも　おなじだったのですか。一《ひと》つ　えらんで、○を　つけなさい。

ア（　）くるしくて、おもうように　はやく　はしれない　こと。

イ（　）ぜったいに　まけたくないと　おもって　いる　こと。

ウ（　）のこり　一《いっ》しゅうで、ダッシュしようと　おもって　いる　こと。

あと　十《じゅう》メートル。先生《せんせい》たちが、ゴールの　白《しろ》い　テープを　よういして　いるのが　みえました。その　ときには　もう、たかしと　野村《のむら》くんは、まよこに　ならんで　いました。[あ]

　まけないぞ。まけるもんか。たかしは　ぎゅっと　目《め》を　とじました。そして　そのまま、たおれこむように、ゴールの　テープを　むねで　きりました。

「どうじに　ゴールインね。おめでとう。ふたりとも　一《いっ》とうしょうよ。」

吉田先生《よしだせんせい》の　こえが　きこえました。

　たかしは　コースの　うちがわに、ごろりと　ねころがりました。ふたり　いっしょに、一《いっ》とうしょうか。⑤うれしい　きもちと、すこし　くやしい　きもちが、はんぶんずつでした。

「先生《せんせい》、ちがうよ。」

　野村《のむら》くんが、かたで　いきを　しながら　いいました。[い]

「ぼく、みてたんだ。たかしくんの　ほうが、ぼ

(7)　野村《のむら》くんと　まよこに　ならんで　はしって　いる　とき、たかしは　どんな　気《き》もちでしたか。一《ひと》つ　えらんで、○を　つけなさい。

ア（　）もう　はしれないと　あきらめて　いる。

イ（　）ぜったいに　まけないと　おもって　いる。

ウ（　）ゆうしょう　できると　よろこんで　いる。

(8)　⑤うれしい　きもちと、すこし　くやしい　きもちが、はんぶんずつと　ありますが、たかしは、どんな　ことが　うれしくて、どんな　ことが　くやしいと　かんじて　いるのですか。それぞれ　かきなさい。

・うれしい　こと
（　　　）

・くやしい　こと
（　　　）

(9)　たかしが　⑥びっくりしたのは、野村《のむら》くんの　どんな　ところにですか。二《ふた》つ　かきなさい。

くより　いっしゅん　はやく、テープに　むねがとどいたんだ。だから　たかしくんが　一《いっ》とうしょうだよ。」

たかしは　⑥びっくりしました。ゴールインのしゅんかん、あんなに　くるしかったのに、野村《のむら》くんは、きちんと　たかしを　みて　いて　くれたのです。そればかりか、一《いっ》とうしょうは　たかしなのだと、しょうじきに　おしえてくれました。**う**

「ありがとう。」

そう　いって、たかしは野村《のむら》くんに　手《て》を　さしだしました。野村《のむら》くんは、すこし　てれくさそうにその　手《て》を　にぎりました。**え**

がっちり　あくしゅを　しながら、たかしは⑦とても、さわやかな　きもちに　なって　いました。

〈狩生玲子《かりうれいこ》「きみが一《いっ》とうしょう」による〉

（　　）　（　　）

(10) 上《うえ》の　文《ぶん》しょうでは、つぎの　文《ぶん》が　ぬけて　います。**あ**〜**え**の　どこに　入《い》れれば　よいですか。（　）に　きごうを　かきなさい。

> 野村《のむら》くんって　なんて　かっこいいんだろうと、たかしは　おもいました。

（　　）

(11) たかしが　⑦とても、さわやかな　きもちに　なったのは、なぜですか。一《ひと》つ　えらんで、○を　つけなさい。

ア（　）ふたり　一《いっ》とうしょうでは　なく　なって、野村《のむら》くんに　かてたから。

イ（　）野村《のむら》くんが　正《ただ》しく　りっぱに　しょうぶして　くれたから。

ウ（　）くるしい　マラソンを　もう　しなくていいから。

19 せつめい文《ぶん》の カギを 手《て》に 入《い》れよう

標準 レベル

答え 26ページ

1 文《ぶん》しょうを よんで、もんだいに こたえなさい。

あかるい 木《こ》もれ日《び》が さして、さわやかな かぜが ふきぬける さと山《やま》の 林《はやし》の 中《なか》を あるいて いると、どの 木《き》も みんな ねもとから たばに なって 生《は》えて いるのに 気《き》が つく はずです。どうして ①そんな かたちの 木《き》に なったのか わかりますか？

②さと山《やま》の 林《はやし》は、もともと しんたん林《りん》と よばれて、まきや すみを とる ために まもり そだてられて きた 林《はやし》です。十五年《じゅうごねん》から 二十年《にじゅうねん》ごとに 林《はやし》の 木《き》を きりたおし、きりかぶから めばえた あたらしい えだを また つぎの 林《はやし》に なるまで そだてます。ほどよい 大《おお》きさに なった 林《はやし》から きりたおして いく

それを エサに して くらして いる 大《おお》きな どうぶつたちも くらせなく なって しまいます。さと山《やま》は、人《ひと》が だいじに 手入《てい》れを して りようして きたからこそ ⑤生《い》きものたちの らくえんにも なって きたと いう ことが わかりますね。

〈泉健司《いずみけんじ》「身近《みぢか》な自然《しぜん》かんさつ」による〉

(1) ①そんな かたちと ありますが、さと山《やま》の 木《き》は、どのように 生《は》えて いますか。

（　　　　）

(2) ②さと山《やま》の 林《はやし》は、どう する ために そだてられて きたのですか。

（　　　　）ため。

ヒント 「……ために」と いう ことばを さがす。

学習した日　月　日

ので、さと山《やま》には　木《き》を　きったばかりの　草《くさ》はらや　いろいろな　たかさに　そだった　わかい　林《はやし》が　あり、草《くさ》ちや　田《た》んぼ、小川《おがわ》や　いけなどと、③パズルのように　くみあわさって　います。

　だから、さと山《やま》には　あかるい　ばしょが　すきな　生《い》きものや、ちょっと　くらい　ばしょが　すきな　生《い》きもの、りょうほうを　いったり　きたり　する　生《い》きものや、もっと　いろいろな　すみかを　ひつようと　する　生《い》きものたちが　くらせるのです。

　まきや　すみを　つかわなく　なった　このごろでは、林《はやし》の　手入《てい》れが　いきとどかなく　なって、ふとい　みきの　立《た》ちならぶ　うっそうと　くらい　さと山《やま》の　林《はやし》も　ふえて　しまいました。そう　なると、④林《はやし》の　中《なか》で　くらせる　しょくぶつや　生《い》きものの　しゅるいも　へって　しまい、

---

(3)　③パズルのようにとは、どんな　ようすですか。一《ひと》つ　えらんで、○を　つけなさい。

ア（　）おなじ　ものが　そろった　ようす。

イ（　）いろいろな　ものが　ある　ようす。

ウ（　）なにも　のこって　いない　ようす。

(4)　④林《はやし》の　中《なか》で　くらせる　しょくぶつや　生《い》きものの　しゅるいも　へって　しまいと　ありますが、

(あ)　へって　しまったのは、どちらの　しょくぶつや　生《い》きものですか。○を　つけなさい。

ア（　）あかるい　ばしょが　すきな　もの。

イ（　）くらい　ばしょが　すきな　もの。

(い)　(あ)が　へって　しまったのは、なぜですか。

（　　　　）から。

ヒント　すぐ　まえの　「そう　なると」に　ちゅうもくする。

(5)　さと山《やま》が　⑤生《い》きものたちの　らくえんに　なって　きたのは、なぜですか。

（　　　　）から。

ハイレベル ✦✦✦ ふかめよう

答え 27ページ

1 文《ぶん》しょうを よんで、もんだいに こたえなさい。

空気《くうき》は 口《くち》からも すいこめますが、いきを する ときの、空気《くうき》の ふつうの とおりみちは、①はなの あなです。

はなの あなの おくは、どう なって いると おもいますか。小《こ》ゆびを いれたり、のぞいて みたり しても、②はなの 中《なか》の ようすは、さっぱり わからないでしょう。

はなは、すいこんだ 空気《くうき》の よごれを とりのぞく ところなのです。

まず、はなの あなの 入《い》り口《ぐち》に はえて いる、しめった はなげが、ほこりや 小《ちい》さい ごみを つかまえます。

すいこんだ 空気《くうき》の よごれを とるのは、入《い》り口《ぐち》の はなげだけでは ありません。

←

空気中《くうきちゅう》の よごれを とりのぞく ほかに、つめたい 空気《くうき》を あたため、かわいた 空気《くうき》に しめりけを あたえる ことも、はなの たいせつな やく目《め》に なって います。

〈藤森弘《ふじもりひろし》「いきをするのはなぜだろう」による〉

(1) ①はなの あなと ありますが、

あ いきを する とき、なにに なりますか。

（　　　　）

い 入《い》り口《ぐち》には、なにが ありますか。

（　　　　）

(2) ②はなの 中《なか》の ようすと して、正《ただ》しい ものを 一《ひと》つ えらんで、○を つけなさい。

ア（　）かたちが 人《ひと》に よって ちがう。

イ（　）おくで 一《ひと》つに つながって いる。

ウ（　）左右《さゆう》の へやに わかれて いる。

学習した日　月　日

はなの あな ぜんたいが、③空気《くうき》を きれいに する しくみに なって いるのです。

はなの かたちは、人《ひと》に よって ちがいますが、あなの おくは、みんな おなじように、大《おお》きい へやに なって います。

はなは 一《ひと》つなのに、あなが 二《ふた》つ あるのは、はなの まん中《なか》に しきりの かべが あって、左右《さゆう》の へやに わかれて いるからです。

左右《さゆう》に わかれた へやには、よこの かべから、三《さん》だんベッドが はりだして います。

まん中《なか》の しきりと、りょうがわから はりだした 三《さん》だんベッドの ために、はなの 中《なか》は、とても いりくんだ かたちに なって います。

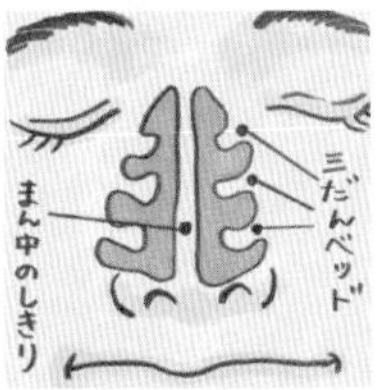

そのため、すいこんだ 空気《くうき》は、いやでも、せまく しきられた 三《さん》だんベッドの あいだを、とおりぬける ことに なります。

はなの 中《なか》は、どこも、しっとり しめって いて、なまあたたかです。

(3) ③空気《くうき》を きれいに する しくみと ありますが、どのように きれいに するのですか。正《ただ》しい じゅんに （ ）に ばんごうを かきなさい。

あ（ ）空気《くうき》が、せまく しきられ いりくんだ ところを とおる。

い（ ）しめった はなげが、空気中《くうきちゅう》の よごれを つかまえる。

う（ ）しめった はなの 中《なか》を とおりぬけると、空気《くうき》が きれいに なる。

(4) はなの やく目《め》を 二《ふた》つ かきなさい。

（ ）

（ ）

(5) この 文《ぶん》しょうは、なにに ついて のべた ものですか。一《ひと》つ えらんで、○を つけなさい。

ア（ ）はなの はたらき

イ（ ）しめった はなげ

ウ（ ）よごれた 空気《くうき》

時間 30分　得点　　点　答え 28ページ

学習した日　月　日

1 つぎの 文《ぶん》しょうは、エルフと いう、くさはらの 人気《にんき》ものの だちょうの はなしです。よく よんで、もんだいに こたえなさい。

「ジャッカルだ。ジャッカルが おそって きたぞ。」
エルフは すぐに きが つきました。そして、とくいの ①ライオンの なきごえを まねしました。
「オオオーン。」
「やっ、これは まずいや ライオンの やつが いるとは きが つかなかったぜ。」
ジャッカルは ②しっぽを まいて いわの かげから とびおりると、すたこら 森《もり》の なかへ にげて いって しまいました。
「はっはっは……。」
くさはらに ひとしきり、③みんなの おおわらいの こえが ひびいて いました。
さるが ぶらんこあそびの つづきを はじめ、

→

(1) エルフが ①ライオンの なきごえを まねしたのは、なんの ためですか。一《ひと》つ えらんで、○を つけなさい。〔5点〕

ア（　）みんなに ライオンが きたと おもわせて、おどろかす ため。

イ（　）ライオンが いると おもわせて、ジャッカルを おいはらう ため。

ウ（　）ライオンの まねが じょうずな ことを、みんなに ほめて もらう ため。

(2) ②しっぽを まいてとは どんな いみですか。一《ひと》つ えらんで、○を つけなさい。〔5点〕

ア（　）けがを して　イ（　）小《ちい》さく なって

ウ（　）こうさんして

(3) ③みんなの おおわらいと ありますが、なぜ おおわらいして いるのですか。〔10点〕

（　　　　）

しまうまたちが　フォークダンスを　やりはじめた　とき、また　へんな　ものおとが　きこえました。

「また　きたな、ジャッカルの　やつ。」

エルフは　こんどは　もっと　のどを　ふくらませて、

「④オオオオーン　オーン。」

と　ほえかけると、いきなり　すぐ　ちかくに　あらわれたのは　たてがみを　ふりみだした　ほんとうの　ライオンでした。

「ひゃあ　たすけてえ。」

さあ　たいへん、⑤おおさわぎに　なりました。なかには　おそろしくて、その　ばに　うごけなく　なった　ものも　います。

「⑥みんな　はやく　にげるんだ。ライオンは　ぼくが　ひきうけるっ。」

エルフは　すっと　くびを　のばして　ライオンの　まえに　たちはだかりました。

ライオンは　うしろあしで　たつと、エルフ　めがけて　つかみかかりました。エルフ　がんばれ。

(4)　④オオオオーン　オーン。と　エルフが　ほえたのは、なぜですか。〔5点〕

（　　　　）

(5)　⑤おおさわぎに　なったのは、なぜですか。〔10点〕

（　　　　）

(6)　⑥みんな　はやく　にげるんだ。ライオンは　ぼくが　ひきうけるっ。から　わかる　エルフの　せいかくと　して　あう　ものを　すべて　えらんで、○を　つけなさい。完答〔10点〕

ア（　）とても　こわがり

イ（　）なかまおもい

ウ（　）ゆうかん

エ（　）じぶんかって

エルフは　うまのように　つよい　あしで、ライオンを　けり、おのより　こわい　くちばしで　つつきます。ライオンは　するどい　きばと　つめで　エルフの　からだを　いまにも　ひきさきそうです。

ギャオー　ワォー

⑦あたりの　小《こ》えだや　くさが　とびちり、もうもうと　たつ　すなけむりの　なかで、エルフが　さいごに　けった　いっぱつが　きいたのか、ライオンは　よろよろしながら　おかの　むこうへ　かえって　いって　しまいました。

「わあい、かった　かった。ぼくらの　エルフ。」

「えらいぞ　エルフ。」

「つよいぞ、ぼくらの　エルフが　かった。」

みんなは　おどりあがって　よろこびました。

ところが　たたかった　エルフに　ちかづくと、たいせつな　エルフの　あしの　いっぽんが　くいちぎられて　しまって　いたのです。

「みんな　ぶじで　ほんとに　よかった。」

エルフは　いたみを　こらえて　それだけ　い

---

(7) エルフと　ライオン、それぞれの　ぶきは　なんですか。　一つ5〔10点〕

あ エルフ（　　　　）

い ライオン（　　　　）

(8) ⑦あたりの　小《こ》えだや　くさが　とびちり、もうもうと　たつ　すなけむりは、どんな　ようすを　あらわして　いますか。一《ひと》つ　えらんで、○を　つけなさい。〔5点〕

ア（　）エルフの　なかまが、おおぜい　やって　きた　ようす。

イ（　）ライオンが、エルフに　やられて　にげて　いく　ようす。

ウ（　）エルフと　ライオンが　はげしく　たたかって　いる　ようす。

(9) エルフが　⑧うずくまって　いるのは、なぜですか。〔10点〕

うと、しずかに その ばへ ⑧うずくまって しまいました。

それから くさはらは また、へいわな 日《ひ》が つづきました。けれども、エルフに とっては ⑨くるしみの 日《ひ》が はじまったのです。

かたあしでは 子《こ》どもたちとも あそべません。みんなの しごとの おてつだいも できないし、だいいち まいにちの えさを さがすのだって たいへんな くろうです。

はじめの うちは、いのししが 木《き》の ねを、しまうまは くさを、なかまの だちょうは 木《こ》のはを わけて くれました。けれども それぞれ じぶんたちの かぞくの ことだけでも たいへんなのです。

エルフは 日《ひ》が たつに つれて、なんとなく みんなから わすれられて いきました。

〈おのきがく「かたあしだちょうのエルフ」（ポプラ社刊）による〉

(10) ⑧うずくまって いる ときの エルフの 気《き》もちを 一《ひと》つ えらんで、○を つけなさい。〈10点〉

ア（　）ライオンと たたかった ことを こうかいして いる。

イ（　）じぶんの ことよりも、みんなが たすかった ことを よろこんで いる。

ウ（　）じぶんだけ ひどい めに あったので、みんなを うらんで いる。

(11) ⑨くるしみの 日《ひ》と ありますが、エルフは、どんな ことが できなくて くるしいのですか。〈10点〉

（　　　　　　　　　　）

(12) 日《ひ》が たつに つれて、エルフは どう なって いきましたか。〈10点〉

（　　　　　　　　　　）

チャレンジテスト 7章 ながい 文《ぶん》しょうを よむ（せつめい文《ぶん》）

時間 30分　得点　　点　答え 29ページ

学習した日　　月　　日

1 文《ぶん》しょうを よんで、もんだいに こたえなさい。

ハシブトガラスは、森《もり》では、木《き》の実《み》や 果実《かじつ》、虫《むし》、よわったり、①死《し》んだ 動物《どうぶつ》など、自然《しぜん》の めぐみを 食《た》べて くらして いました。

ハシブトガラスは、小《ちい》さな 動物《どうぶつ》の 死体《したい》を まっさきに かたづけて くれる 森《もり》の そうじやでした。

そんな ハシブトガラスが 都会《とかい》に でてきた 理由《りゆう》を かんがえて みました。

②生《い》きものに とって、生《い》きて いくのに、いちばん だいじな ことは、食《た》べものを *確保《かくほ》する ことです。食《た》べものが なければ 自分自身《じぶんじしん》も 生《い》きて いけませんし、まして、子《こ》どもを そだてる ことなど、とうてい できません。

森《もり》には、いつも じゅうぶんな 食《た》べものが ある わけでは ない 上《うえ》に、たよりに する

(1) ①死《し》んだ 動物《どうぶつ》を 食《た》べる ことから、ハシブトガラスは なんと いわれて いますか。文《ぶん》しょう中《ちゅう》から かきぬきなさい。〔10点〕

（　　　　）

(2) ②生《い》きものに とって、生《い》きて いくのに、いちばん だいじな ことは、食《た》べものを 確保《かくほ》する ことです。と ありますが、それは なぜですか。〔20点〕

（　　　　）

(3) ③に 入《はい》る ことばを 一《ひと》つ えらんで、○を つけなさい。〔10点〕

ア（　）なぜなら
イ（　）ところが
ウ（　）さらに

自然《しぜん》の 森《もり》は どんどん へって いました。
③、人間《にんげん》が くらしを ひろげて きて、ハシブトガラスの すむ 森《もり》の 近《ちか》くに すみつくように なりました。

そこで ハシブトガラスが 目《め》に したのは、よだれが でそうなほど ゆたかな 食《た》べものでした。その 食《た》べものと いうのは、④人間《にんげん》が ごみと して すてる、たくさんの 食《た》べのこしでした。

人間《にんげん》に とっては、食《た》べのこしの 生《なま》ごみで あっても、ハシブトガラスに とっては、苦《く》労《ろう》を しないで 手《て》に はいる、ありがたい 食《た》べものです。

「人間《にんげん》の そばで くらせば、食《た》べものが かんたんに 手《て》に はいる！」

そう 気《き》づいた ハシブトガラスが、⑤もっと たくさんの 人間《にんげん》が くらす 街《まち》を、都会《とかい》を めざすのは しぜんな ことです。

(4) ④人間《にんげん》が ごみと して すてる、たくさんの 食《た》べのこしと ありますが、これは ハシブトガラスに とって、どのような 食《た》べものですか。　一つ5〔15点〕

・よだれが でそうなほど （　　　　） 食《た》べもの。

・（　　　　）を しないで 手《て》に はいる、（　　　　）食《た》べもの。

(5) ⑤もっと たくさんの 人間《にんげん》が くらす 街《まち》を、都《と》会《かい》を めざすと ありますが、ハシブトガラスが 都会《とかい》を めざす ことに したのは、なぜですか。〔15点〕

（　　　　　　　　）と 気づいたから。

そうして、すこしずつ　人間《にんげん》の　そばに　やって　くる　ものが　でて、⑥いまでは　都会《とかい》は　ハシブトガラスに　とって、＊ぜっこうの　場所《ばしょ》に　なって　しまいました。

森《もり》では　＊天敵《てんてき》だった　タカや　フクロウも、街《まち》には　いません。食《た》べものが　たっぷり　あり、巣《す》を　つくる　場所《ばしょ》も　あって、子《こ》そだても　安心《あんしん》して　できる。街《まち》が　すばらしい　場所《ばしょ》に　見《み》えたでしょう。

なにより、高《たか》い　ところから　見《み》おろして　食《た》べものを　見《み》つける　ハシブトガラスに　すれば、森《もり》の　木《き》の　かわりに　なる　ビルが　いくつも　あるのです。

〈嶋田泰子《しまだやすこ》「カラスのいいぶん　人《ひと》と生《い》きることをえらんだ鳥《とり》」による〉

＊確保《かくほ》…じぶんの　ものに　する　こと。

＊ぜっこう…なにかを　するのに　ちょうど　よい　こと。

＊天敵《てんてき》…その　動物《どうぶつ》を　このんで　食《た》べる　動物《どうぶつ》。

---

(6) ⑥いまでは　都会《とかい》は　ハシブトガラスに　とって、ぜっこうの　場所《ばしょ》に　なって　しまいましたと　ありますが、食《た》べものの　ほかに　都会《とかい》が　ハシブトガラスに　とって　すみやすい　理由《りゆう》を　三《みっ》つ　かきなさい。　一つ5〔15点〕

・（　　　　）の　タカや　フクロウが　いない。

・安心《あんしん》して（　　　　）が　できる。

・（　　　　）から　食《た》べものを　見《み》つけられる。

(7) この　文《ぶん》しょうの　だいめいと　して　よい　ものを　一《ひと》つ　えらんで、○を　つけなさい。〔15点〕

ア（　）ハシブトガラスが　森《もり》で　くらす　ために、どう　すれば　よいか。

イ（　）ハシブトガラスは　なぜ　都会《とかい》に　出《で》て　きたのか。

ウ（　）人間《にんげん》と　ハシブトガラスが　いっしょに　くらす　ためには。

トクとトクイになる！

小学ハイレベルワーク

国語 1年

答えと考え方

1 ひらがなを かこう

標準レベル＋　8・9ページ

1 (1)しま (2)たけのこ (3)さかな (4)つくえ (5)ぬいぐるみ

2 (1)2 (2)1 (3)2 (4)1 (5)2 (6)3 (7)2 (8)1 (9)2 (10)4 (11)3 (12)2 (13)1 (14)2 (15)3

3 (1)きっぷ (2)こいのぼり (3)ちず (4)せんばづる (5)ひじ (6)れいぞうこ (7)ちぢむ (8)せんせい (9)たいよう (10)おおかみ

4 (1)ゆき (2)せみ (3)やかん (4)にわとり (5)さつまいも

考え方

1 紛《まぎ》らわしい形のものを集めてあります。しっかり見分けましょう。

2 整った字を書くためには、正しい筆順を覚えておくことが大切です。(13)「も」は、「ま」との筆順の違《ちが》いを確認《かくにん》しておきましょう。

3 (1)(2)「ぷ」「ぶ」「ぽ」「ぼ」を声に出して読んでみましょう。
(3)(4)「ず」「づ」・(5)(7)「じ」「ぢ」を使い分ける問題です。一般的《いっぱんてき》には「ず」「じ」を用い、例外として同じ音が続く場合（「つづみ」「ちぢむ」など）や、二語が連なる場合（「千羽＋鶴《つる》＝せんばづる」「鼻＋血＝はなぢ」など）には「づ」「ぢ」を用います。
(6)(8)エ段（エケセテネ……）の音を伸《の》ばすときは、「おねえさん」「ええ」以外はほぼ「れいぞうこ」のように「い」と表記します。
(9)(10)オ段（オコソトノ……）の音を伸《の》ばすときは、「たいよう」のように「う」と表記します。ただし、「おおかみ」「こおり」「ほのお」「おおきい」「とおる」など、例外も多いので注意が必要です。

4 ものの名前を正しく書き表す問題です。「ゆ」「み」「や」「か」「わ」「ま」「も」などの形の書き分けに注意しましょう。

ハイレベル＋＋　10・11ページ

1 (1)おきやくさん (2)すつぱい (3)きゆうしよく (4)しようがつこう (5)しやつくり

2 (1)しっぽ (2)せっけん (3)にんぎょ (4)じてんしゃ (5)うちゅうじん

3 (1)かつお・さんま・まぐろ (2)さる・ねずみ・しか (3)からす・ふくろう・はと (1)～(3)それぞれ順不同

4 かっぱ→（パンダ）→だんご→ごみばこ→こま→（マッチ）→ちゅうしゃ→しゃぼんだま→まんが→がっき→きつね→ねんがじょう→（うし）→しいたけ→けいと→とら→（ラムネ）→ねこ→こども→もじ→じこしょうかい→いろえんぴつ→（つの）→のこぎり→りょこう→うなぎ→（ぎょうざ）→ざぶとん

考え方

1 (5)は「しゃっくり」と小さく書く字が二つ続いています。「しゃつくり」「しやっくり」と書き誤りやすい語ですが、発音の違《ちが》いを声に出して確認《かくにん》すれば、間違《まちが》いにくくなります。

2 どの語にも小さく書く字が含《ふく》まれています。大きさの違《ちが》いをはっきりつけて書きましょう。「びよういん（美容院）」「びょういん（病院）」のように、字の大きさで意味が異なる場合もあります。なお、小さく書く字は「っ」「ゃ」「ゅ」「ょ」の四つです。

3 (1)は魚、(2)は動物（哺乳類《ほにゅうるい》）、(3)は鳥の仲間です。

4 前後をよく見て、しりとりになる言葉を見つけましょう。小さな□には、「っ」「ゃ」「ゅ」「ょ」のどれかが入ります。また、「しゃぼんだま」「いろえんぴつ」など、ハ行には「ばびぶべぼ」「ぱぴぷぺぽ」の両方があるので注意しましょう。仮名遣《かなづか》いでは、「けいと」を「けえと」と書くのも誤りです。「もじ」を「もぢ」と書くのも誤りです。

2 かたかなを　かこう

標準レベル ＋　12・13ページ

1 (1)レモン　(2)テント　(3)マスク　(4)タオル　(5)ネクタイ　(6)ライオン　(7)カメレオン　(8)コンセント

2 (1)㋐3　㋑1　㋒2　(2)㋐1　㋑4　㋒2　㋓3　(3)㋐1　㋑2　㋒3　(4)㋐5　㋑4　㋒2　㋓1　㋔3　(5)㋐2　㋑1　(6)㋐5　㋑4　㋒3　㋓1　㋔2

3 (1)カヌー　(2)サラダ　(3)ゼリー　(4)スイッチ　(5)シャンプー　(6)ビスケット　(7)メニュー　(8)アスパラガス

4 (1)チーズ　(2)ココア　(3)ワッペン　(4)ヨット　(5)パセリ　(6)ラジオ　(7)ウクレレ　(8)ストーブ　(9)ヘリコプター　(10)チョコレート

考え方

1 かたかなは、ひらがなと比べて直線的な形をしています。そのため、線の向きがとても重要です。一画ごとに、どちらに向けて書くのかを確認《かくにん》するようにしましょう。「ア・マ」「ク・ワ」「ソ・ン」などは、向きの違《ちが》いで別の字になってしまいます。

2 (1)「ヲ」の筆順は、「一→ニ→ヲ」です。(4)「ポ」や(6)「ジ」などの「゜」や「゛」は最後に書きます。

3 (1)「カヌー」、(3)「ゼリー」、(5)「シャンプー」、(7)「メニュー」のように、かたかなでは、長音（＝長く伸《の》ばす音）をすべて「ー」で書き表します。ひらがなのように「カヌウ」「ゼリイ」などと書かないように注意しましょう（ひらがなでは「ー」を用いないのが正しい表記です）。

4 かたかなには形の紛《まぎ》らわしいものが多いので、しっかり見比べて違《ちが》いを見つけましょう。(1)「チ・テ」、(2)「マ・ア」、(3)「ク・ワ」、(4)「ヨ・モ」、(5)「セ・ヤ」、(6)「ヅ・ジ」、(7)「ラ・ウ」、(8)「ス・ヌ」、(9)「リ・ソ」、(10)「ユ・ヨ」がそれぞれ違《ちが》います。

ハイレベル ＋＋　14・15ページ

1 (1)㋓　(2)㋗　(3)㋖　(4)㋑　(5)㋔

2 (1)ジャ　(2)チャ

3 (2)・(3)・(5)・(8)

4 (1)バケツ・アイロン　(2)マフラー・セーター〔(1)・(2)それぞれ順不同〕

5 (1)トランプ　(2)ドア　(3)ピューピュー　(4)プレゼント　(5)スポーツ・サッカー〔順不同〕

考え方

1 絵が表しているのは、(1)「やぎ」、(2)「拍手《はくしゅ》」、(3)「犬」、(4)「雷《かみなり》」、(5)「ねずみ」です。この問題のように、かたかなは外来語だけでなく、物音や動物の鳴き声を表記するときにも用います。このような言葉を「擬声語《ぎせいご》（擬《ぎ》音語《おんご》）」といい、一般的《いっぱんてき》に濁音《だくおん》がつくと重い音（ゴロゴロ・ザブザブなど）、半濁音《はんだくおん》がつくと軽い音（ピーピー・パチパチなど）を表します。㋐「トントン」と「ドンドン」、㋑「ゴロゴロ」と「コロコロ」のように、濁音《だくおん》や半濁音《はんだくおん》の有無《うむ》による音のイメージの違《ちが》いを確認《かくにん》してみましょう。

2 (1)「ジャム」「ジャングル」、(2)「チャイム」「チャンネル」となります。いずれも外来語です。

3 外来語を見分ける問題です。音から判断するのは難しいので、外来語かどうかは、一つ一つ覚えていくようにしましょう。

4 外来語でないものは、(1)「ほうき・ちりとり・ぞうきん・掃除機《そうじき》」、(2)「帽子《ぼうし》・眼鏡《めがね》・手袋《てぶくろ》・靴《くつ》」です。(1)「バケツ」は英語の「bucket」がもととなっている外来語です。外来語は身近にたくさんあります。

5 外来語や物音・動物の鳴き声を表す言葉を見つけて、かたかなに直します。(3)「ピューピュー」が物音を表す言葉、それ以外は外来語です。(5)を「スポウツ」「サッカア」と書いてはいけません。かたかなの長音は「ー」で表記します。

3 かん字を　かこう

標準レベル＋

16・17ページ

1 (1)車　(2)木　(3)雨　(4)虫　(5)犬　(6)石

2 (1)ねん・とし　(2)さ・ひだり　(3)がく・まな　(4)か・はな　(5)さん・やま　(6)ちょう・まち　(7)せん・さき　(8)そう・くさ
〔(1)・(2)・(4)〜(8)それぞれ順不同〕

3 (1)い　(2)あ　(3)い　(4)あ　(5)あ

4 (1)六　(2)四　(3)六　(4)二　(5)五　(6)七　(7)九　(8)八　(9)七　(10)七

考え方

1 「車」「木」「雨」「虫」「犬」「石」は、物の形に似せた絵文字からできた字（＝象形文字）です。ほかにも、「月」「水」「人」「日」「山」などが同じ成り立ちの漢字です。それぞれの漢字の成り立ちは、漢和辞典などで確《かく》認《にん》することができます。

2 一つの漢字の読み方が一つとは限りません。ほとんどの漢字には、音（＝中国から入ってきた読み方）と、訓（＝日本でつけた読み方）の二種類があります。解答では、(1)「ねん（音）・とし（訓）」のように、最初に音を、あとに訓を示してあります。

3 (3)「右」と「左」は字形の似た漢字ですが、横画と左ばらいの筆順が異なるので注意しましょう。筆順を問われることの多い漢字です。「ノナオ右右」「一ナ左左左」が正しい筆順です。(4)「文」のように左右にはらいがあるときは、左ばらいを先に書きます。(5)「竹」のように左右二つの部分でできているものは、左→右の順番で書きます。

4 漢字の総画数の問題です。総画数さえわかれば、読みや部首がわからなくても漢和辞典を引くことができます。(2)「円」、(3)「糸」、(4)「力」、(5)「出」、(6)「足」の青い部分は一画に数えます。(7)「音」、(8)「金」、(10)「貝」の青い部分は二画です。筆順とあわせて確《かく》認《にん》しておきましょう。

ハイレベル＋＋

18・19ページ

1 (1)てんき　(2)ひゃくにち　(3)てほん　(4)いちねんせい　(5)おおぞら　(6)みず　(7)ちゅうがっこう　(8)はなみ　(9)さんじゅうえん　(10)めだま

2 (1)林・森　(2)木・休　(3)田・男　(4)子・字　(5)夕・口・名

3 (1)い　(2)う　(3)あ　(4)え　(5)あ　(6)い　(7)う　(8)え

4 (1)青い　(2)小さい　(3)早い　(4)白い

考え方

1 読み仮名《がな》を書くときには、仮名遣《かなづか》いにも気を配りましょう。特にオ段の長音には注意が必要です。(7)「校＝こう」のように、一般的《いっぱんてき》には「う」と表記します。(5)「大」は、例外的に「おお」と書きます。「じ・ぢ」、「ず・づ」の使い分けも間違《まちが》いが多いものです。(6)「みづ」、(9)「さんぢゅうえん」と書いてはいけません。また、(5)「おお」＋「そら」→「おおぞら」、(10)「め」＋「たま」→「めだま」のように、上に言葉がつくことによって、音が濁《にご》る場合があることも覚えておきましょう。

2 同じ部分をもつ漢字を出題しています。漢字の成り立ちには意味があります。それぞれの部分が示す意味に関心をもつことによって、漢字の学習はずっと楽しくなりますし、覚えやすくもなります。

3 筆順のきまりには、このほかに〈横画は先に書く〉〈中央を先に左右をあとに書く〉〈全体を貫《つらぬ》く縦画や横画は最後に書く〉などがあります。ただし、例外のあるものも多いので、一つ一つの漢字について筆順まで丁寧《ていねい》に覚えるようにしましょう。

4 適切な形容詞（＝様子を表す言葉）を見つけ、漢字に直す問題です。必ず三つすべてに当てはまるかどうかを確認《かくにん》してから答えましょう。(1)「青い（絵の具・地球・海）」、(2)「小さい（声・国・女の子）」、(3)「早い（時間・話・順番）」、(4)「白い（砂糖・歯・うさぎ）」となります。(3)はスピードのことではないので、「速い（三年生で学習）」は誤りです。

チャレンジテスト

20・21ページ

1 ドーブツエン→どうぶつえん
じゃんぱあ→ジャンパー
テノヒラ→てのひら
ぴよぴよ→ピヨピヨ

2 (1)入る・入れる (2)上がる・上る
(3)生える・生きる・生まれる (4)下がる・下る・下ろす

3 (1)月 (2)木 (3)日 (4)火
(5)土 (6)金 (7)水

4 (1)おはよお (2)とうりみち (3)おねいさん
(4)おぢさん (5)しづか (6)みかずき
(7)しゅっくだい (8)じょがいも

考え方

1 かたかなで書くものは、外来語と物音・動物の鳴き声を表す言葉です。「動物園」「手のひら」はこれらに当てはまらないので、ひらがなに直します。「ジャンパー」は外来語、「ピヨピヨ」は動物の鳴き声を表す言葉なので、かたかなで書き表します。

・「コーナー」は外来語なので、かたかなで○。
・「ひよこ」は外来語ではないので、ひらがなで○。
・「ピンク」は外来語なので、かたかなで○。
・「おにいさん」は外来語ではないので、ひらがなで○。
・「ふわふわ」は物音・動物の鳴き声を表す言葉ではなく、様子を表す言葉なので、ひらがなで○。

2 複数の訓をもつ漢字を出題しています。送り仮名《がな》のつけ方によって、読み方が変わることに注意しましょう。

(1)「いれる」を「入る」と書かないように注意しましょう。「入る」では「はい（る）」と読めてしまいます。

(2)「あがる」を「上る」と書かないように注意しましょう。「上る」では「のぼ（る）」と読めてしまいます。

(3)「生」は訓の多い漢字です。送り仮名《がな》のつく読み方には、ほかに「生かす」「生ける」「生む」「生やす」などがあります。また、「生まれる」を「生れる」と書かないように注意しましょう。

(4)「さがる」を「下る」と書かないように注意しましょう。「下る」では「くだ（る）」と読めてしまいます。「下」も訓の多い漢字です。送り仮《が》名《な》のつく読み方には、ほかに「下げる」「下す」「下さる」「下りる」があります。

3 一つの漢字に複数の読み方があることに注意して、熟語を考えましょう。

(1)「正月」「月日」 (2)「草木」「木星」
(3)「休日」「日記」 (4)「花火」「火山」
(5)「赤土」「土手」 (6)「大金」「金色」
(7)「下水」「水玉」
という熟語ができます。

4 (1)(2) オ段の長音は「おはよう」のように「う」と書き表すのが原則ですが、「遠い」「大きい」「通る」などは例外です。

(3) 正しくは「おねえさん」と書き表します。

(4) 普通《ふつう》は「おじさん」のように「じ」を用います。「はなぢ」は「鼻＋血《ち》」、「みぢか」は「身＋近《ちか(い)》」という二語が連なっているので、「ぢ」を用います。

(5) 普通《ふつう》は「しずか（静か）」のように「ず」を用います。「こづつみ」は「小＋包《つつ》み」という二語が連なっているので、「づ」を用います。「つづく（続く）」は「つ」の音が連続する二音目のため、例外的に「づ」と書き表します。

(6)「腕《うで》＋相撲《すもう》」、「稲荷《いなり》＋寿司《すし》」、「三日＋月《つき》」と分けて考えます。

(7) 正しくは「しゅくだい（宿題）」です。

(8) 正しくは「じゃがいも」です。

4 「を・は・へ」に ちゅういして かこう

標準レベル＋

22・23ページ

1 (1)え・は (2)え・を (3)お・を (4)は・わ
2 (1)お (2)を・お (3)を・お (4)を・を (5)お・お
3 (1)は (2)わ (3)は・わ (4)わ・は
4 (1)へ (2)え・え (3)え・へ (4)え・へ
5 (1)○ (2)× (3)× (4)○ (5)○ (6)×

考え方

1 「を・お」「は・わ」「へ・え」の使い方について理解しているかどうかを確認《かくにん》する問題です。この単元では、助詞として使われる「を」「は」「へ」が、常に他の言葉のあとについていることに気づかせ、正しく使えるようにします。(4)「割る」という意味で使うときは「わる」と書きます。「はる」と書くと、「張る」や「貼《は》る」といった意味になることに注意しましょう。

2 「お」と「を」を使い分ける問題です。「を」は、語頭にはつかないということをおさえておきましょう。(5)「おおぜい（大勢）」は言葉の一部、「おみせ（お店）」は丁寧《ていねい》の意味を添《そ》える接頭語です。

3 「わ」と「は」を使い分ける問題です。(3)「おとうさんは」、(4)「いすは」のように、主語（主部）を表すときは「は」を使います。

4 「え」と「へ」を使い分ける問題です。(1)「ひろばへ」、(3)「村へ」、(4)「ほうへ」は、いずれも動作の方向を表しています。

5 文中で、「を・お」「は・わ」「へ・え」を正しく使い分けられるかどうかを確かめる問題です。(4)「いえには」の「には」は、助詞の「に」と「は」が一続きになった言葉です。

ハイレベル＋＋

24・25ページ

1 (1)は・を (2)は・を・へ (3)へ・を・は (4)は・は・へ
2 (1)ことわ→は (2)をじいさんは→お・をって→お (3)ごぜん九じお→を (4)あはてて→わ・いええ→へ・かえりました→え
3 (1)学校へ でんわを かける。 (2)ぼくは へやの 中へ 入った。 (3)とこやへ いって、かみを きりました。 (4)しんごうは 赤から 青へ かわった。 (5)おとうとが おじさんへ てがみを 出す。
4 (1)イ (2)ア (3)ウ (4)イ (5)ア

考え方

1 「を」「は」「へ」を使い分ける問題です。「誰《だれ》（何）は」「何を」「どこへ」—どうしたのか、ということを読み取るようにします。(4)の「木のはは」は「木の葉は」であり、「葉」は名詞、「は」は助詞です。

2 文中で「を・お」「は・わ」「へ・え」を正しく使い分けられるかどうかを確認《かくにん》する問題です。(3)「はり（針）は」の二つの「は」は、発音が異なること（「ha」と「wa」）に注意しましょう。

3 「を」「は」「へ」を使って、意味の通じる文を完成させる問題です。助詞の「へ」は、多くの場合「に」に置き換《か》えることができます。

4 「を・お」「は・わ」「へ・え」の正しい使い方を確認《かくにん》する問題です。さまざまな文に接することで、助詞の「を・は・へ」の使い方を身につけるようにしましょう。

5 、。「」を 正しく つかおう

26・27ページ

標準レベル＋

1
(1)あしたは いよいよ えんそくだ。こんやは 早く ねる ことに しよう。
(2)まどを あけました。まだ そとは まっくらです。空には ほしが かがやいて います。はやとくんは しんこきゅうを しました。
(3)一人で るすばんを して いた。だんだん たいくつに なって きた ころに、おかあさんが かえって きた。その あと ぼくは そとに あそびに いった。

2
(1)わたしが、田中さんたちを むかえに いく。
(2)ぼくは、アイスクリームと ホットケーキが たべたい。
(3)犬と ねこが、なかよく あそんで います。
(4)にもつが とても おおいので、とちゅうで 休けいしました。
(5)バスに のって いる あいだは、しずかに しましょう。
(6)きのうの よる、すこしだけ ゆきが ふったようです。

3
(1)こうたくんが、「みんな、こっちへ おいでよ。」と さけんで います。
(2)「一年生は 校ていに あつまって ください。」と、先生が いいました。
(3)ほのかさんは、「これから なにを して あそぼうか。」と、わたしに きいて きました。
(4)ぼくは、「だれか いませんか。」と いいながら、たてものの 中を あるきました。
(5)おかあさんが いいました。「早く おとうさんの ところへ いきなさい。」

4
(1)× (2)◯ (3)× (4)× (5)◯

考え方

1 句点を正しくつけられるかを確認《かくにん》する問題です。(1)「えんそくだ」「……しよう」で文が終わっているので、ここに句点をつけます。(2)「あけました」「まっくらです」「かがやいて います」「しんこきゅうを しました」のあとに句点をつけます。(3)「して いた」「かえって きた」「あそびに いった」のあとに句点をつけます。

2 読点を正しく打てるかを確認《かくにん》する問題です。(1)(2)主語と述語が離《はな》れているので、主語のあとに読点を打ちます。(3)「犬と ねこが」という主語（主部）のあとに読点を打ちます。(4)「ので」という文と文をつなぐ言葉のあとに読点を打ちます。(5)「バスに のって いる あいだは」は「いつ」を表す言葉で、少し長いので、このあとに読点を打ちます。(6)「きのうの よる」も「いつ」を表す言葉で、このあとに読点を打ちます。

3 かぎを正しくつけられるかを確認《かくにん》する問題です。(1)「こうたくん」の話している言葉は、「みんな、こっちへ おいでよ。」の部分です。(2)「先生」の話している言葉は、「一年生は 校ていに あつまって ください。」の部分です。(3)「ほのかさん」の話している言葉は、「これから なにを して あそぼうか。」の部分です。(4)「ぼく」の話している言葉は、「だれか いませんか。」の部分です。(5)「おかあさん」の話している言葉は、「早く おとうさんの ところへ いきなさい。」です。

4 句読点やかぎの正しいつけ方について確認《かくにん》する問題です。(1)「ので」という文と文をつなぐ言葉があるので、このあとに読点を打ちます。「さむく なって きたので、ぼくは まどを しめた。」とするとよいでしょう。(3)「ぜんいん」が話している言葉は「さんせい」の部分です。句点もつけて、「……ぜんいんが 『さんせい。』と いって、手を あげました。」とするとよいでしょう。(4)「おとうさん」の話している言葉は、「……おきよう」までです。「『あしたの あさは 六じに おきよう。』と、おとうさんが わたしたちに むかって いいました。」とするとよいでしょう。

ハイレベル ++

❶ (1)、。
(2)。。
(3)。、。

❷ (1)ア　(2)ア　(3)イ　(4)ア

❸ (1)わたしは、「また　くるからね。」と、目の　まえの　山に　むかって　よびかけた。
(2)「さあ、げんきを　出して　いこう。」と、先生が　みんなを　はげましました。
(3)しょくどうに　入ると、「ラーメンを　一つ　ください。」と、おじいちゃんが　おみせの　人に　ちゅうもんした。
(4)ずっと　空を　見て　いた　おじさんが、「雨が　やんだから、そろそろ　しゅっぱつしようか。」と　いいました。

❹ (1)みんなが、「いちばん　足が　はやいのは　たいきくんだ。」と　いって　いる。
(2)「オムレツが　たべたい。」と、ぼくは　おかあさんに　いいました。
(3)ゆうやくんが、「学校まで　きょうそうだ。」と　いって、きゅうに　はしり出しました。

考え方

❶ 句読点を正しく使い分けられるかどうかを確認《かくにん》する問題です。(1)「から」という文と文をつなぐ言葉があるので、このあとに読点を打ちます。(2)「十じですよ」で文が終わっているので、ここに句点をつけます。(3)「おしゃべりを　しないように」は、文末を省略した表現ですが、「　」の中にあるので、句点をつけます。「ので」は文と文をつなぐ言葉なので、このあとに読点を打ちます。

❷ 読点の正しい打ち方について確認《かくにん》する問題です。(1)主語と述語が離《はな》れているので、主語の「ぼくが」のあとに読点を打ちます。(2)「テレビを　見て　いた」→「ねむく　なって　きました」という流れなので、意味の切れ目に読点を打ちます。(3)「いもうとの　名まえは」という主語（主部）のあとに読点を打ちます。(4)「びょういんに　いって」→「ちゅうしゃを　うちました」という流れなので、意味の切れ目に読点を打ちます。

❸ 符号《ふごう》の正しいつけ方を確認《かくにん》する問題です。(1)主語と述語が離《はな》れているので、主語の「わたしは」のあとに読点を打ちます。「わたし」の話している言葉は、「また　くるからね」の部分です。会話の終わりにも句点をつけます。「　」をつけるときは、引用を表す助詞の「と」に着目します。「と」のあとが長いので、ここで読点を打つとよいでしょう。(2)「先生」の話している言葉は、「さあ　げんきを　出して　いこう」の部分です。「さあ」は感動詞なので、このあとに読点を打ちます。引用を表す助詞の「と」のあとが長いので、ここにも読点を打つとよいでしょう。(3)「入ると」の「と」は文と文をつなぐ言葉なので、このあとに読点を打ちます。「ラーメンを　一つ　ください」は「おじいちゃん」の話している言葉なので、句点と「　」をつけます。「と」のあとが長いので、ここに読点を打つとよいでしょう。(4)「ずっと　空を　見て　いた　おじさんが」という主語（主部）のあとに読点を打ちます。「おじさん」の話している言葉は、「雨が　やんだから　そろそろ　しゅっぱつしようか」の部分です。「から」は文と文をつなぐ言葉なので、このあとに読点を打ちます。会話の終わりに句点をつけることも忘れないようにしましょう。

❹ 句読点と符号《ふごう》の正しいつけ方を確認《かくにん》する問題です。(1)主語と述語が離《はな》れているので、主語の「みんなが」のあとに読点を打ちます。「みんな」が話している言葉は、「いちばん　足が　はやいのは　たいきくんだ」の部分です。(2)「ぼく」が話している言葉は「オムレツが　たべたい」の部分です。引用を表す助詞の「と」のあとが長いので、ここに読点を打つとよいでしょう。(3)「ゆうやくんが……と　いって」→「きゅうに　はしり出しました」という流れなので、意味の切れ目に読点を打ちます。

6 あいてに ちゅういして かこう

標準レベル＋　30・31ページ

1 (1)イ (2)イ (3)ア

2 (1)ア (2)イ (3)イ (4)ア (5)イ (6)ア (7)イ

3 (1)〇 (2)× (3)× (4)〇 (5)× (6)× (7)× (8)〇 (9)〇 (10)× (11)× (12)〇 (13)〇 (14)〇 (15)〇 (16)× (17)× (18)〇

4 (1)見ます (2)しずかです (3)なめました (4)のりました (5)のみません (6)たべなさい (7)あそびましょう (8)よみませんでした

考え方

1 相手によって言葉を正しく使い分けることができるかを確認《かくにん》する問題です。この単元では、文末が「……だ」「……である」という常体と、「……です」「……ます」という敬体の使い分けをはじめとして、丁寧《ていねい》な言い方や敬語の基本的な使い方などを正しく理解できるようにします。目上の人や年長者に対しては、常に丁寧《ていねい》な言葉遣《づか》いを心がけるようにしましょう。

2 敬体の正しい使い方ができるかどうかを確かめる問題です。文末に着目して、「……です」や「……ます」を使った丁寧《ていねい》な表現をしている文を選びます。また、文が過去を表しているときは、「……でした」「……ました」と形が変わることに注意しましょう。

3 接頭語の「お」「ご」を正しく使うことができるかどうかを確かめる問題です。(5)は「ごあいさつ」、(6)は「おせっかい」、(10)は「ごりょうしん」が正しい言い方です。(11)「ごはん（御飯）」は、すでに丁寧《ていねい》な表現になっているので、「お」はつけません。「お」や「ご」は使いすぎても誤りになります。

4 常体を敬体に正しく直せるかを確認《かくにん》する問題です。(8)「よまなかった」のように、打ち消し＋過去の表現を敬体に変える場合は、「……ません」＋「……でした」と両方の表現を使うので、注意が必要です。

ハイレベル＋＋　32・33ページ

1 (1)へやの　そうじを　します。 (2)みんなで　どこへ　いくのですか。 (3)きのうは　学校を　休みました。 (4)おとうとが　おもちゃを　はなしません。 (5)いそいで　ようふくを　きがえなさい。

2 (1)あそびます (2)おちました (3)かてません (4)ねなさい（ねましょう）

3 (1)いもうとが　うたを　うたって　いる。 (2)きょうしつの　ドアが　ひらかない。 (3)すぐに　ごみを　すてろ（すてよ）。 (4)学校で　うんどうかいが　あった。 (5)いま　ぼくを　よんだか。

4 例 おばさん、おひさしぶりです。／きょう、小づつみが　とどきました。大すきな　メロンが　入って　いたので、うれしかったです。ありがとうございました。おじさんに　よろしく　つたえて　ください。ももか

考え方

1 文の末尾《まつび》を変えて丁寧《ていねい》な表現に改める問題です。基本的には「……です」「……ます」を使いますが、(5)のように言いつける場合（命令）は、「……なさい」と直すことに注意しましょう。

2 普通《ふつう》の言い方を丁寧《ていねい》な言い方に改める問題です。(2)「きのうの　夕がた」とあるので、過去を表す「……ました」という言い方にします。

3 丁寧《ていねい》な言い方を普通《ふつう》の言い方に改める問題です。常体と敬体の書き換《か》えがスムーズに行えるようにしておきましょう。

4 手紙文における丁寧《ていねい》な表現について確かめる問題です。自分より年長者の「おばさん」に手紙を書くので、文末を敬体に統一します。また、「……です」「……ます」の重複など、丁寧語《ていねいご》の使いすぎにも注意しましょう。

チャレンジテスト +++

34・35ページ

1
(1)○・へ・お・○
(2)を・○・わ
(3)は・え・○

2
(1)を・は
(2)お・は・を
(3)わ・お
(4)を・え・へ

3
(1)例 いとこの りょうくんは、おばあさんへ ながい てがみを かきました。
(2)でん車の きっぷを かった あと、ぼくは かいさつへ むかった。
(3)ぼうしを かぶった 女の子は、森の おくへ あるいて いきました。
(4)きょうは さむいので、あたたかい ふくそうを してから そとへ 出なさい。

4
(1)ひこうきが とんで いる。
(2)かぜが つよくて、かさの ほねが おれました。
(3)花だんに 入っては いけない。
(4)テーブルの 上を ふきなさい。

考え方

1 「を・お」「は・わ」「へ・え」の使い分けができているかを確認《かくにん》する問題です。(1)「学校え」の「え」は助詞なので、「学校へ」と書き直します。「をいて」は漢字で書くと「置いて」なので、「おいて」と書き直します。(2)「うさぎお」の「お」は助詞なので、「うさぎを」と書き直します。「かけまはり」は「かけまわる」という言葉の形が変わったものなので、「わ」に直します。(3)「ぼくたちわ」の「わ」は助詞なので、「ぼくたちは」と書き直します。「こうへん」は漢字で書くと「公園」なので、「こうえん」と書き直します。

2 「を・お」「は・わ」「へ・え」の使い分けを確認《かくにん》する問題です。(1)「花（ ）」「ぼく（ ）」の（ ）には助詞が入るので、それぞれ「を」「は」を入れます。(2)「（ ）きて」は漢字で書くと「起きて」なので、「お」を入れます。「ご（ ）ん」は、発音どおり「は」を入れます。(3)「（ ）たし」は漢字で書くと「私」なので、「わ」を入れます。「まちど（ ）しくて」は漢字で書くと「待ち遠しくて」なので、「お」を入れます。「待ち遠しい」は「待つ」と「遠《とお》い」からできた言葉です。(4)「（ ）きまえ」は漢字で書くと「駅前」なので、「え」を入れます。「デパート（ ）」の（ ）には助詞が入るので、「へ」を入れます。

3 助詞の「を」「は」「へ」と句読点の正しい使い方を確認《かくにん》する問題です。助詞を付け加えるときは、文の意味がきちんと通じるかを確かめます。(1)「いとこの りょうくんは」という主語（主部）のあとに読点を打ちます。また、「……りょうくんへ、おばあさんは……」としても正解です。「何を」に当たる「ながい てがみ」のあとに「を」をつけます。(2)「でん車の きっぷを かった あと」は「いつ」を表す言葉で、少し長いので、このあとに読点を打ちます。「どこへ」に当たる「かいさつ」のあとに「へ」をつけます。(3)「ぼうしを かぶった 女の子は」という主語（主部）のあとに読点を打ちます。「どこへ」に当たる「森の おく」のあとに「へ」をつけます。(4)「ので」は文と文をつなぐ言葉なので、このあとに読点を打ちます。「何を」に当たる「ふくそう」のあとに「を」をつけます。

4 文体を正しく改めることができるかを確認《かくにん》する問題です。まず、それぞれの文が、常体か敬体かを正しく判断できるようにしておきます。(1)「……います」は敬体なので、「……いる」と常体に直します。(2)「……おれた」は常体なので、「……おれました」と敬体に直します。「……おれます」と書かないように注意しましょう。(3)「……いけません」は敬体なので、「……いけない」と常体に直します。禁止する言い方です。(4)「……ふけ」は常体なので、「……ふきなさい」と敬体に直します。命令する言い方です。

7 つなぎことばに ちゅういしよう

標準レベル＋

36・37ページ

1 (1)ので (2)のに (3)が (4)でも (5)そこで (6)それから

2 (1)エ (2)ア (3)オ (4)イ (5)ウ

3 (1)から (2)ば (3)が (4)たり

4 (1)ウ (2)ア (3)イ (4)ア (5)ウ

考え方

1 つなぎ言葉を探す問題です。つなぎ言葉には、「だから」などの接続詞と、「のに」などの接続助詞があります。(1)「雨が ふって きた」という理由となる事柄《ことがら》と、「出かけるのを やめよう」というその結果考えた事柄《ことがら》が、順接のつなぎ言葉「ので」によってつながれています。

2 文のつながりを確認《かくにん》する問題です。(1)「えいがを 見たけれど」どうだったのか、(2)「あきに なると」どうなるのか、使われているつなぎ言葉や文脈に注意して、あとにつながる文を選びましょう。

3 正しいつなぎ言葉を選ぶ問題です。(1)「おこづかいが たまった。だから、本を かった。」のように、空欄《くうらん》の前後がどのような関係でつながっているかを考えましょう。(2)「ば」は、「こうすればこうなる（と考えられる）」というように、仮定の出来事を説明するときに使うつなぎ言葉です。

4 正しいつなぎ言葉を選ぶ問題です。(1)「そこで」は、前の事柄《ことがら》を受けて、その順当な結果があとにくることを示す順接のつなぎ言葉です。(2)「でも」は、前の事柄《ことがら》と反対の事柄《ことがら》があとにくることを示す逆接のつなぎ言葉です。(3)「それとも」は、どちらかを選ぶときに使う対比・選択《せんたく》のつなぎ言葉です。(4)「なぜなら」は、前の事柄《ことがら》に理由を付け加える説明のつなぎ言葉です。(5)「ところで」は、話題を変えるときに使う転換《てんかん》のつなぎ言葉です。

ハイレベル＋＋

38・39ページ

❶ ア・ウ・オ・カ

❷ (1)だから・それで (2)しかし・けれども (3)あるいは・または (4)では・ところで〔(1)～(4)それぞれ順不同〕

❸ (1)Ⓐごみが おちて いた。
Ⓘ例だから、ごみばこに すてた。
(2)Ⓐバスに のった。
Ⓘ例しかし、せきが 空いて いなかった。
(3)Ⓐへやに 入った。
Ⓘ例そして、あかりを つけた。

❹ (1)例ほしい おもちゃが あったので、日よう日に おとうさんと デパートに いった。
(2)例ぼくは 子ねこに ちかづいたが、子ねこは にげて しまった。

考え方

❶ 正しくは、イ「……よんだばかりなのに」、エ「……おこされたのに」、キ「……かいたので」のようになります。

❷ つなぎ言葉の種類と働きを理解しているかを確認《かくにん》する問題です。(1)は順接、(2)は逆接、(3)は対比・選択《せんたく》、(4)は転換《てんかん》のつなぎ言葉です。

❸ 接続助詞が使われた一文を、接続詞を使って二文に分ける問題です。(1)は順接、(2)は逆接、(3)は累加《るいか》のつなぎ言葉を使います。(1)は「それで」「そこで」、(2)は「けれども」「ところが」「でも」、(3)は「それから」などを使っても正解です。

❹ 二つの文を、接続助詞を使って一文にする問題です。(1)は順接のつなぎ言葉、(2)は逆接のつなぎ言葉を使います。(1)は「……あったから」、(2)は「……ちかづいたけれど」「……ちかづいたものの」などでも正解です。

8 こそあどことばに　ちゅういしよう

標準レベル＋

40・41ページ

1 (1)こっち　(2)そこ　(3)ここ・どれ　(4)この・あそこ

2 (1)この　(2)その　(3)どれ　(4)あれ

3 (1)ここ　(2)それ　(3)あの　(4)どちら

4 (1)バケツ　(2)こうえん　(3)花　(4)ひょうたんいけ

考え方

1 文中で使われているこそあど言葉を探す問題です。こそあど言葉とは、物事を指し示す働きをもつ言葉のことです。「こ」「そ」「あ」「ど」で始まる言葉に着目しましょう。

2 状況《じょうきょう》に適したこそあど言葉を使えるかどうかを確かめる問題です。(1)は、自分に近いものを指しているので、「この」を使います。(2)は、相手に近いものを指しているので、「その」を使います。(3)は、はっきりしないものを指しているので、「どれ」を使います。(4)は、自分（話し手）からも相手（聞き手）からも遠いものを指しているので、「あれ」を使います。

3 正しいこそあど言葉を選ぶ問題です。(1)は場所を指しているので、「ここ」を選びます。(2)は物を指しているので、「それ」を選びます。(3)は「ほし」につながるように「あの」を選びます。(4)は「にくも　さかなも」を指して、両方とも好きということなので、「どちら」を選びます。

4 こそあど言葉の指示内容をとらえる問題です。何を指しているかは、こそあど言葉より前の部分から探すのが原則です。指している言葉の見当をつけたら、こそあど言葉と置き換《か》えて、正しいかどうかを確かめましょう。
(1)「バケツ」をこそあど言葉と置き換《か》えると、「バケツに　水を　入れて　ください」となり、意味が正しく通じます。同じように、(2)「こうえんで　サッカーを　しました」、(3)「花を　あなたに　あげます」、(4)「ひょうたんいけには　ふなや　ざりがにが　いる」となります。

ハイレベル＋＋

42・43ページ

1 (1)あの→この　(2)そちら→こちら　(3)どこ→あそこ

2 (1)どこ　(2)あそこ　(3)それ

3 (1)ア　(2)ウ　(3)イ　(4)ア

4 (1)大きな　りんご　(2)白い　せん　(3)よぞらに　ひかる　ほし

考え方

1 正しいこそあど言葉に直す問題です。(1)は、自分が今持っているものを指しているので、「あの」ではなく、近称《きんしょう》の「この」を使います。(2)は、めぐみさんが自分のいるほうに〈やってきた〉のですから、「そちら」ではなく、「こちら」を使います。(3)「どこ」は、はっきりしない場所を指すときに使う言葉です。「だいたい　百メートル　はなれて　いる」というように、指している場所は決まっているので、「どこ」を使うのは不適切です。また、自分からも相手からも離《はな》れた場所を指しているので、中称《ちゅうしょう》の「そこ」よりも遠称《えんしょう》の「あそこ」を用いるのがふさわしいでしょう。

2 (1)は花火が打ち上げられている場所を指していますが、それがどこなのかはわかっていないので、「どこ」を使います。(2)は「となりの　マンションの　おく上」を指しています。自分からも相手からも遠い場所なので、「あそこ」を使います。(3)は「あなたたちの　うしろの　たな」にある「きのう　かった　花火」を指しています。相手に近いものを指しているので、「それ」を使います。

3 (1)「あれ」は、「日本で　いちばん　たかい　ビル」という「もの」を指しています。(2)は、「どちらの方向から行っても……」という意味なので、方向を指しています。(3)「そこ」は、相手がいる場所を指すときに使います。(4)「これ」は、自分に近いものを指すときに使います。

4 (1)「りんご」、(2)「せん」、(3)「ほし」だけでは不十分です。(1)「大きな」、(2)「白い」、(3)「よぞらに　ひかる」という修飾語《しゅうしょくご》まで含《ふく》めて正しく書きましょう。また、(2)は「校てい」ではないので注意しましょう。

9 文の　くみ立てに　ちゅういしよう

標準レベル

44・45ページ

1 (1)④イ　(2)①オ　(3)②ア　(4)⑥エ　(5)⑤ウ　(6)③カ

2 (1)うしが　(2)夕日が　(3)さいふが　(4)チューリップが　(5)おばさんは　(6)おとうとは

3 (1)いく　(2)おいかけた　(3)あまい　(4)しずかだ　(5)中学生です　(6)いる　(7)ある

4 (1)イ　(2)イ　(3)ア　(4)イ　(5)イ　(6)ア

考え方

1 主語・修飾語《しゅうしょくご》・述語から成る文を完成させる問題です。まず主語に合う述語を探し、それから主語・述語にふさわしい修飾語《しゅうしょくご》を選ぶとよいでしょう。

2 文の中から主語を探す問題です。主語とは、文の中で「誰《だれ》が（は）」「何が（は）」に当たる言葉のことです。(3)・(4)・(5)のように、主語は文頭にくるとは限らないので注意しましょう。

3 文の中から述語を探す問題です。述語とは、文の中で「どうする」「どんなだ」「何だ」「ある（いる・ない）」に当たる言葉のことです。(1)・(2)は「どうする」、(3)・(4)は「どんなだ」、(5)は「何だ」、(6)・(7)は「ある（いる・ない）」に当たります。

4 文の中から修飾語《しゅうしょくご》を探す問題です。修飾語《しゅうしょくご》とは、文の中で「どこで」「何を」「どのように」などを表して、主語や述語を詳《くわ》しくする言葉のことです。文の中から主語と述語を除いて、残った言葉がどの言葉を詳《くわ》しくしているかを考えましょう。(1)は「右に」が「まがる」を、(2)は「みずうみに」が「あつまる」を、(3)は「小さい」が「ゆきだるまが」を、(4)は「ひらひらと」が「おちる」を、(5)は「よしえさんと」が「あそんだ」を、(6)は「三びきの」が「子ねこが」を、それぞれ詳《くわ》しくしています。

ハイレベル

46・47ページ

1 (1)おかあさんが・つくる　(2)ピッチャーが・なげる　(3)ぼくは・見た　(4)ねこが・ならした　(5)わたしは・かいた　(6)ちょうが・とまった

2 (1)例ぼくは　プールで　およいだ。
(2)例たくやくんが　学校を　休んだ。
(3)もみじの　はっぱが　赤く　なる。
(4)例わたしは　はたけで　トマトを　たべた。
(5)例ぼくは　バスで　となり町に　いった。

3 (1)お年玉を　(2)まどガラスを　(3)木の　(4)大きな　(5)にんじんで

4 (1)ぼくは　(2)ぬりました　(3)ウ

考え方

1 文の中から主語と述語を探す問題です。まず、「どうする」「どんなだ」などに当たる述語を探し、それからその述語に対応する主語を探すとよいでしょう。主語になる言葉には、「が」「は」などがつきます。

2 文節を並べ替《か》えて文を完成させる問題です。(3)「もみじの　はっぱが」「赤く　なる」のように、切り離《はな》すことができない文節どうしを、まずまとめてみましょう。修飾語《しゅうしょくご》はある程度順番を入れ替《か》えても意味が通じることがありますが、原則としては修飾《しゅうしょく》される語の直前に置きます。

3 (1)何をくれたのか、(2)何をたたくのか、(3)何のみきなのか、(4)どんなおにぎりか、(5)何でつくったのかを詳《くわ》しくしている言葉を探しましょう。

4 (1)「おかあさんの　にがおえ」をかいたのは誰《だれ》かをとらえましょう。
(2)妹が何をしたのかをとらえましょう。
(3)「ていねいに」は、動作を詳《くわ》しくする修飾語《しゅうしょくご》です。アに入れると「ていねいに　でき上がった」となり、文意が通らないので、不適切です。「ていねいに」は「いろを　ぬりました」という動作を詳《くわ》しくする言葉なので、直前のウに入れるのが最も適切です。

チャレンジテスト 48・49ページ

1 (1)カ (2)オ (3)エ (4)ア (5)イ

2 (1)大きな いけ (2)たくさんの 木 (3)すてきな かばん (4)ひろい 空きち

3 (1)かえるが ケロケロと なく。
(2)きのう 小づつみが とどいた。
(3)まるい 月が ぽっかりと うかぶ。
(4)白い おもちが こんがりと やけた。
(5)おとうとが 一人で え本を よむ。
(6)わたしは あさ、カーテンを あけた。
(7)つばめが すに えさを はこぶ。

4 (1)イ (2)ア (3)イ

考え方

1 正しいつなぎ言葉を選ぶ問題です。(1)は逆接、(2)は並立《へいりつ》・累加《るいか》、(3)は転《てん》換《かん》、(4)は説明、(5)は順接のつなぎ言葉が入ります。

2 (1)「ここ」は、場所を指し示すこそあど言葉です。前の文から、場所に当たる言葉を探しましょう。(1)「いけ」、(2)「木」、(3)「かばん」、(4)「空きち」だけでは不十分です。

3 (3)「まるい」は「月が」を、「ぽっかりと」は「うかぶ」を詳《くわ》しくしています。(4)「白い」は「おもちが」を、「こんがりと」は「やけた」を詳《くわ》しくしています。(5)「一人で」も「え本を」も「よむ」を詳《くわ》しくしています。(6)「あさ」も「カーテンを」も、「あけた」を詳《くわ》しくしています。(7)「すに」も「えさを」も、「はこぶ」を詳《くわ》しくしています。

4 修飾語《しゅうしょくご》が入る位置を理解する問題です。原則として、修飾語《しゅうしょくご》は詳《くわ》しくされる語の直前に置くほうが文意が明らかになります。(1)「いそいで」は「入りました」を、(2)「まっすぐ」は「かえると」を詳《くわ》しくしています。(3)「うれしそうに」は、「でんわを しました」を詳《くわ》しくしています。

4章 いろいろな 文を よむ

10 しを よもう

標準レベル 50・51ページ

1 (1)いろ
(2)マスカット・リンゴ・レモン〔順不同〕
(3)ア

2 (1)ア (2)ウ (3)空 (4)どこまでも

考え方

1 (1) 次の行の「ただ ひとつ いろを えらんで」に着目しましょう。この「ただ ひとつ」の「いろ」を、何の中から選んだのかを考えます。
(2) たくさんの色の中からただひとつの色を選んでいるものとして挙げられているのは、第一連のマスカット、リンゴ、レモンです。
(3) 第三連に着目します。作者は、それぞれに固有の色をもった果物に、輝《かがや》くような生命力と美しさを感じています。

2 (1) 「水平線」という言葉から、海の情景を詠《よ》んだ詩であることをとらえます。
(2) 「揺《ゆ》れているはずなのに揺《ゆ》れていない」という文脈をとらえます。海には波があり、海面は常に揺《ゆ》れているので、水平線が一直線に見えることが不思議に感じられるのです。
(3) 直後の「空とは ちがうぞ」から考えます。
(4) 第一・二連とも、2行目と4行目で同じ言葉が繰《く》り返されていることから考えます。

ハイレベル ++　52・53ページ

❶ (1)例(かぜが　つよく、)雲が　はやく　ながれて　いく　ようす。
(2)雲・月(半かけお月さん)〔順不同〕
(3)イ
(4)イ

❷ (1)ウ
(2)ぼく・ぼく(じぶん)
(3)あ例ぼくが　じっと　して　いる　ようす。
い例とんぼが　にげないように　する　ため。

考え方

❶ (1) 風が吹《ふ》いて雲がどんどん流れていく様子を、「お空が　いそがしい」「雲が　どんどと　かけて　ゆく」と表現しています。
(2) 流れる雲が次々と半月にかかる様子を「ぶつかって」と表しています。
(3) 直後に「じゃまっけだ」とあるので、子雲がゆっくり動いている様子を表す言葉を当てはめます。
(4) ごくありふれた風景を、「お空が　いそがしい」と表現したり、子雲と大雲の追いかけっこのようだと熱心に観察したりしている様子から、興味深く空を眺《なが》めている作者の気持ちが感じられます。

❷ (1) 「ぼく」が指を出したので、とんぼが逃《に》げたのです。
(2) 自分が動いてとんぼが逃《に》げてしまわないように、自分自身に言い聞かせているのです。
(3) あ「木に　なり／……小枝に　なった」とは、木や小枝のようにじっとして動かない様子を表現しています。
い「しっ！／しずかに／しずかに」と自分に言い聞かせていることからもわかるように、じっとして、とんぼが逃《に》げないようにしているのです。

11 にっき・てがみを　よもう

標準レベル +　54・55ページ

1 (1)五月十七日(水)
(2)例りくくんが　ボスざるの　まねを　した
(3)さる・きりん・ぞう〔順不同〕
(4)イ

2 (1)あくわの　は
い例(おばあちゃんの)　いえの　まえの　くわばたけ。
(2)例くわの　はの　先の　やわらかい　ところ。
(3)イ

考え方

1 (1) 最初に日記を書いた日付が入っています。
(2) 4～5行目の「……したのが、おもしろかったです」という表現に着目しましょう。
(3) 「さいしょに　さる山を　見ました。」とあり、「きりんや　ぞうも　見ました。」とあるので、さる・きりん・ぞうが正解です。
(4) たくさん歩いて汗《あせ》をかいていたときに、木陰《こかげ》で涼《すず》しい風が吹《ふ》いたという文脈から、「気もちが　いいな」が当てはまることがわかります。

2 (1) 次段落で蚕のえさについて説明しています。あ「かいこの　えさは　くわの　はで……」と書かれています。い「いえの　まえに　くわばたけが　あります。そこから　とった　は……」とあるので、家の前の桑《くわ》畑《ばたけ》が正解です。誰《だれ》の家の前なのかまで書けるとよりよいでしょう。
(2) 「くわの　は」だけでは不十分です。葉の中でも「はの　先の、やわらかい　ところ」であることをしっかりととらえましょう。
(3) おばあちゃんから蚕の繭《まゆ》を見せられた「わたし」は、蚕がつくった繭《まゆ》と着物とが結びつかず、不思議に思っています。

ハイレベル＋＋ 56・57ページ

❶ (1) あ『ファーブルこん虫き』 い オサムシの ともぐいの はなし(。) う ア・ウ
(2) ウ

❷ (1) (うしの) ちちしぼり (2) イ
(3) 例 うしが 大きくて こわいと おもう 気もち。
(4) (赤ちゃんだった) 子うし
(5) 例 ぎゅうにゅうから つくった チーズを たべた こと。

考え方

❶ (1) あ 次の段落に「おじさんに もらった 『ファーブルこん虫き』」とあることから、誕生日にもらった本の題名がわかります。い もらった本を読んだと書いたあとに、「オサムシの ともぐいの はなしは……」と、その本に書かれていた内容について述べています。う 「ちょっと こわかったけど……おもしろかった」とあるので、**ア**は○。「この 本の つづきも……よんで みたい」とあるので、**ウ**も○。「しらなかった ことが いろいろ かいて あって」とはありますが、「なにが かいて あるか わからない」とは書かれていないので、**イ**は×。
(2) 冒頭《ぼうとう》にこの手紙の趣旨《しゅし》が書かれています。おじさんに、本をもらったお礼と本の感想を伝えるための手紙です。

❷ (1) 「うしの せわ」を手伝わせてもらったお礼を述べたあとに、具体的には「うしの ちちしぼり」をしたことが書かれています。
(2) 「はじめてだったので」とあることから、うまくできるかなと不安で緊張《きんちょう》していたと想像できます。こうした気持ちに合うのは**イ**。
(3) 直前に着目。足がふるえたのは、牛が予想より大きかったからです。
(4) 「子うしは、大きく なりましたか」という言葉に続く部分なので、大きくなった子牛に会いたいと思っていることがわかります。
(5) 「……ことも、おもい出に のこって います」という部分に着目。

チャレンジテスト＋＋＋ 58・59ページ

❶ (1) あ あさがお い あか・しろ・そらいろ・むらさき〔順不同〕
(2) イ
(3) あさ・てんとう虫〔順不同〕
(4) 例 あさがおの 花が さきはじめた ようす。
(5) ア
(6) ウ

考え方

❶ (1) あ この詩では、朝顔のつぼみを、にぎりしめたハンカチにたとえています。10行目に「ハンカチは あさがお」とあります。い 直前に書かれている四つの色が、ハンカチにたとえられた朝顔の花の色です。最後の連でも、同じ言葉が繰《く》り返されています。
(2) 直後の「つつむ」という言葉に合う修飾語《しゅうしょくご》はどれか、と考えます。咲《さ》く間際《まぎわ》、開きかけのつぼみのやわらかさを表す言葉を選びましょう。
(3) 「あさを……つつんで いるの」「てんとう虫まで つつんじゃって」と二つ挙げられています。「朝を包んでいる」は比喩《ひゆ》的な表現、「てんとう虫まで包んでいる」は、実際に目で見た情景の描写《びょうしゃ》です。
(4) 第一連「にぎりしめて いるの」、第二連「つつんで いるの」では、朝顔はまだつぼみです。第三連「あっ ひらいた」で、朝顔のつぼみが開いた瞬間《しゅんかん》を表しています。
(5) この詩は、朝顔が花開く夏の早朝を描《えが》いた詩です。よって、正解は**ア**。詩の中にてんとう虫は出てきますが、詩のテーマとして描《えが》かれているわけではないので、**イ**は×。また、作者が散歩中なのかどうかは、この詩からは読み取れないので、**ウ**も×。
(6) 書き始めの位置が高い奇数連《きすうれん》は、作者の視点から書かれています。それに対して、書き始めの位置が低い偶数連《ぐうすうれん》は、朝顔の花の言葉です。人間以外のものを人間であるかのように描《えが》く擬人法《ぎじんほう》が使われた詩です。

12 ばめんを つかもう

標準レベル＋

60・61ページ

1 (1)ちいちゃん・もり(の なか)
(2)ウ
(3)例まいごに なって、こころぼそく なった

2 (1)イ
(2)例ヒバリが 空から おりて きた ところで たまごを さがしている
(3)例空から おりてから ずうっと あるいた ところ

考え方

1 (1) 登場人物は一人なので、ちいちゃんの言葉であることは明らかです。場所は、「もりの なかは、しいんと しずか」（7行目）から考えます。直前の文にある「どんぐりの はやし」と間違《まちが》えないように注意します。
(2) 「しいんと しずか」という部分からとらえます。
(3) 直前の「まいごに なっちゃった……。」がちいちゃんの言葉であることをとらえます。心細くなったという気持ちを答えましょう。

2 (1) 前後の話の流れから考えます。「なに してる」ととうさんにきかれて、タカシが何も答えないのに、タカシが何をしているのかとうさんは知っていたのです。
(2) 直前のタカシの言葉（どこでたまごを探していたか）に着目します。それに対して、とうさんはそれではだめだと言ったのです。
(3) 二人の会話から、とうさんが、ヒバリが空からおりた地点から遠く離《はな》れたところを探すように教えていることを読み取ります。「おりてから はなれた ところ」でも正解。「とんでもない ところ」は不正解です。

! 注意する言葉 みおろす・はいつくばる

ハイレベル＋＋

62・63ページ

1 (1)例あらしの せいで、いえから でられないから。
(2)イ
(3)例きつねが なげつけた どろだんごの あと。
(4)ウ (5)やがて

考え方

1 (1) 1～3行目にその理由が書かれています。「嵐《あらし》がやってきた」（または、「激しい雨と風で」）ことと「家から出られない」ことが書けていれば正解です。8行目の表現を使って、「あらしの ため、ひとりで いえに いるから。」などの答えでもかまいません。「なぜですか」ときかれているので、文末は「……から」「……ので」「……ため」などとしましょう。
(2) いたちが「とんでもない」と思ったのは、きつねの「どろだんご つくろうぜ。」という言葉に対してです。直後の会話からわかるように、いたちは「だいじな シャツが よごれる」ことを気にしているのです。
(3) ——線③の前後から考えます。「ベシャッ」というのは、きつねが投げつけたどろだんごがぶつかった音です。どろだんごがつぶれて、星のような模様になったのです。
(4) ——線④の前後から考えます。きつねは「なにが 『おかあさん』だ。なにが 『おたんじょうびの プレゼント』だ。」と言っていて、あとに「きつねは、その どちらも もって いませんでした。」とあります。きつねにはお母さんもいなくて、誕生日のプレゼントももらえないので、お母さんから誕生日のプレゼントをもらえるいたちがうらやましくて、意地悪をしてしまったのです。
(5) 前半は、嵐《あらし》の日で、場所はきつねの家です。後半は、嵐《あらし》が過ぎ去ったあとの晴れの日で、場所は家の外です。10行目の「やがて あらしは すぎさり……」からが、後半の場面です。

13 気もちを　つかもう　①

標準レベル＋　64・65ページ

1 (1)ウ
(2)例きのう、たくさん　ほえた
(3)例(人げんの)　こどもたちに　むかって　（ガオーッと）　ほえる
(4)ウ　(5)イ・ウ
(6)例サービスを　する　ひつようは　ない。

考え方

1 (1) 直後の「ガオーッと　ほえた　つもりでも、ファホーッに　なってしまいます。」や、クロヒョウの「きのう、あんなに　ほえるからだよ。」という言葉から、ライオンの声がかすれていることを読み取ります。
(2)「きのう」という言葉が必要です。
(3) 直後のライオンの言葉に着目して、「サービス」の内容をとらえます。
(4) ③のクロヒョウの言葉を受けて、ライオンが「そうさ。わしがほえると……こわがるんじゃ。」と返していることから「こわがって」が入るとわかります。子どもたちが縮みあがることについて、ライオンとクロヒョウではとらえ方が異なることを会話から読み取りましょう。
(5)「　」の言葉が、ライオンの言葉なのかクロヒョウの言葉なのかを正確にとらえることが大切です。「たのしみに　して　いる」「こわがりながら、うれしがっても　いる」「どうぶつえんに　いる　いじょう、やるべき　ことは　やらんとな」などの部分から、ライオンが、子どもたちを喜ばせたい、それが自分の役割だと思ってほえていることをとらえます。
(6)「ライオンさんは、サービスの　しすぎ」「ばかばかしい。」「そんな　サービスを　する　ことは　ないんだ」などの部分に着目しましょう。「サービスしなくて　いい」「サービスは　ばかばかしい」などでも正解です。

！注意する言葉　かすれる・ばかばかしい・ちぢみあがる

ハイレベル＋＋　66・67ページ

1 (1)イ
(2)例じてん車を　なくして　しまったと　おもった
(3)例なまいきな　とかげを　おどろかせて　やろうと　いう　気もち。
(4)例ろう石が　とかげに　あたって、とかげの　しっぽだけが　のこったから。
(5)イ

考え方

1 (1)「じてん車　なして、あとの　はんぶんを　どう　しよう。」などの部分から、みんなと野球をしに行けず、退屈《たいくつ》していることを読み取ります。
(2)「ろう石なんか　かいに　いかなければ、ぼくは……やきゅうを　していただろうな」（14行目）から、「ぼく」は、ろう石を買いに行ったために、自転車をなくしたと思っていることがわかります。
(3) 直前に「なまいきな　とかげを　おどろかせて　やろうと」とあります。「ぼく」は、とかげが「じてん車を　なくして　いい　きみだぞ」と言っているように感じたので、ろう石を投げて驚《おどろ》かせてやろうと思ったのです。「とかげを　おどろかせて　やろうと　いう　気もち」が書けていれば正解。「おどろかす」ことが抜《ぬ》けて、「とかげが　なまいきだと　いう　気もち」だけを書いた場合は不十分です。「ろう石なんか、すてて　しまえと　いう　気もち」は不正解です。
(4)「いきを　のんだ」とは、驚《おどろ》いてはっとする様子です。「『ぼく』の投げたろう石がとかげに当たった」ことと「しっぽがちぎれた」「しっぽが石の上に残った」ことが書けていれば正解です。
(5) ――線⑤のあとの「せかい中の　人たちは……どこかへ　あそびにいって　しまったんだ。」「一人ぼっちで　立って　いる」に着目します。「ぼく」は、「体に置いていかれて石の上に残されたとかげのしっぽ」と、「友達と遊べず取り残された自分」とを重ね合わせているのです。

14 気もちを　つかもう　②

標準レベル＋　68・69ページ

1 (1)例きんちょうする
(2)イ
(3)ア・エ・オ
(4)⑥例あしに　アイロンの　コードが　からまった　こと。
⑦例アイロンが　たおれて、うわぎの　せなかに、アイロンの　こげあとが　のこって　しまった　こと。

考え方

1 (1) 直後の「あなぐまさんは、きんちょうして」に着目します。「きんちょう」とは、体や心がかたくなっている状態です。

(2) 直前の（　）の中の、あなぐまさんが心の中で思った言葉に着目します。ため息とは、感心したりがっかりしたりしたときに出る息のことです。ライオンさんの燕尾服《えんびふく》のすばらしさに感心して、思わずため息をついたのです。

(3) それぞれの言葉から、以下のような仕事ぶりがうかがえます。
「すみから　すみまで」→丁寧《ていねい》な仕事ぶり（ア）
「ひとときも　めを　はなしません」→一生懸命《いっしょうけんめい》な様子（オ）
「きを　つけて、きを　つけて。」→注意深さ（エ）

(4) ――線の前後から、どんなことが起こったのかをとらえます。電話の音に慌《あわ》てたあなぐまさんが、コードを足にひっかけてアイロンを倒《たお》し、その結果、上着の背中にこげあとがついたのです。⑦は「アイロンが倒《たお》れた」「上着にこげあとがついた」ことの二点が書けていれば正解。いずれか一方だけでは不十分です。⑥⑦いずれも「どんな　こと」と問われているので、文末を「……こと」とします。

!注意する言葉　きんちょう・ためいきをつく・わざわざ・にじむ

ハイレベル＋＋　70・71ページ

1 (1)ア　(2)こげあと・例ライオンさんの　ししゅう
(3)イ
(4)例あなぐまさんの　しっぱいを　ライオンさんが　ゆるして　くれたのか　どうか　わからなかったから。
(5)例ライオンさんが　ししゅうの　入った　うわぎを　きて　くれたのを　見て、ライオンさんが　あなぐまさんの　しっぱいを　ゆるして　くれたのだと　おもったから。

考え方

1 (1) 「どう　しよう、どう　しよう。」というつぶやきから、あなぐまさんが自分の失敗に心を痛め、どうしたら償《つぐな》えるかを考えていることがわかります。

(2) あなぐまさんが、針で何を刺《さ》していたのかは、この部分ではまだわかりません。ライオンさんが、指揮者として壇上《だんじょう》に上がった場面でわかります。（あっ！　あれは……。）（34行目）のあとの部分から読み取りましょう。「ししゅう」だけでも正解。「ライオンさん」だけの場合は×。

(3) あなぐまさんがライオンさんのところへ出かけ、心から謝《あやま》っていることから、針を刺《さ》しているときのあなぐまさんは、ライオンさんに対するお詫《わ》びの気持ちでいっぱいだったことがわかります。

(4) 「ゆるして　くれたのだろうか。」というあなぐまさんの言葉から考えます。「ライオンさんが許してくれたのかわからないから」という内容があれば正解。文末は「……から」「……ので」「……ため」とします。

(5) 話の展開を理解できているかをみる問題です。「ライオンさんが許してくれたこと」と「ライオンさんが上着を着ていたこと」の両方が書けていれば正解。一方だけでは不十分です。文末は「……から」「……ので」「……ため」で結びます。

!注意する言葉　うつぶせ・うわごと

チャレンジテスト　72・73ページ

1

(1) [例]ライオンから　こどもたちを　まもる　ため。

(2) ②ウ　④イ

(3) おとなの　しまうまたちは、こえを　かけあい、はげましあって　いる。

(4) [例]パウが　はなを　ふりまわして、ライオンを　はねとばして　いる　音。

(5) [う]

(6) [例]パウが、ライオンを　やっつけて、みんなを　まもって　くれたから。

考え方

1

(1) ——線①と前後の文から、どんな状況《じょうきょう》なのかをとらえます。

「ライオンが　きたぞうっ。」(3行目)

「まるく　なるんだ。」(5行目)

「すこしでも　ちかづいたら……うしろあしで　けって　やる！」(14行目)

などの表現から、子どもたちを真ん中にして、周りを大人のしまうまが取り囲み、ライオンから守っているという状況《じょうきょう》を読み取りましょう。「ライオンが　こどもたちに　ちかづかないように　する　ため」「こどもたちが　ライオンに　おそわれないように　する　ため」などの解答でも正解です。「なんの　ため」かと問われているので、解答の文末は「……ため」で結ぶようにしましょう。

(2) ——線②でも——線④でもしまうまが泣いていますが、泣いている理由はそれぞれ異なっています。どんな状況《じょうきょう》で泣いているのかを、前後の文脈からとらえます。②ライオンが現れ、しまうまたちが寄り集まっている場面です。自分たちの周りをライオンが歩き回り、「こわいよう。」という言葉もあることから、ライオンを怖《こわ》がって泣いていることがわかります。④パウにしまうまたちがお礼を言っている場面です。直前の「ありがとう」「よかった」という言葉から、ライオンと戦ったパウのおかげで命が助かり、安心したことで泣いているのだとわかります。

(3) 主語に着目して、大人のしまうまたちがどうしているのかを読み取ります。——線②の直後にある会話からも、声を掛《か》け合い励《はげ》まし合っているしまうまたちの様子が読み取れます。文章を読むときは、誰《だれ》の動作や様子を書いているのか、誰《だれ》の言葉なのかということを常に意識することが大切です。文章の中から言葉や文を書き抜《ぬ》く場合には、部分的に欠けてしまったり、表記が違《ちが》ってしまったりすることのないよう注意します。

(4) 2行前にも「バシッ！」という言葉があり、これが「パウは　はなを　ふりまわし、ライオンを　はねとばす」音だと読み取れることから、——線③も同様に、パウが鼻でライオンをはねとばす音だとわかります。「パウがライオンをはねとばしている音」であることが書けていれば正解。「パウが　はなを　ふりまわして　いる　音」だけでは不十分です。文末は「……音」で結びましょう。

(5) 「ライオンたちは　にげだした」とあるので、そのあともライオンが登場する[あ]や[い]には入りません。逆に、ライオンがいなくなったあとの場面を描《えが》いている[え]も不適切です。よって、正解は[う]。パウが必死で戦ったところライオンが逃《に》げていった、という流れになります。脱文挿入《だつぶんそうにゅう》の設問では、場面の状況《じょうきょう》が脱文《だつぶん》と一致《いっち》する場所を探していきます。

(6) まず、直後の「ありがとう、パウ。」から、——線⑤がパウに対するお礼の言葉であることをつかみます。さらにそれ以前の文章から、具体的にどんな行為《こうい》に対するお礼なのかを読み取ります。しまうまを狙《ねら》うライオンが現れ、それをパウが追い払《はら》ったというあらすじがつかめていれば、しまうまたちは、パウが自分たちを守ってくれたことに対してお礼を言っているのだとわかるでしょう。「パウがみんなをライオンから守ってくれた」という内容が書けていれば正解。「パウが　ライオンと　たたかった」だけの場合や、主語（パウ）や目的語（みんな）が抜《ぬ》けて、助けてくれたことだけ書いている場合は不十分です。理由を問う設問なので、文末を「……から」「……ので」「……ため」とします。

注意する言葉　こえがあがる・こえをかける

15 はなしの すじを つかもう

標準レベル＋

74・75ページ

1 (1)ひつじの いぶくろ
(2)あレンニン いチーズ (3)ウ

2 (1)例(おたがいに、)ほしい ものと ものを こうかんしあう
(2)例いつも ひつような ものどうしを こうかん できるとは かぎらない
(3)例だれもが おなじ かちを みとめる
(4)イ

考え方

1 (1) 「その」というこそあど言葉が何を指しているのか明らかにします。原則に従って、前の部分から指示内容を探しましょう。
(2) 10行目の「これ」が「白い かたまり」を指していることに着目して、第二段落の内容を読み取ります。
(3) アもイも文章中に登場しますが、主な話題というわけではありません。この文章は、チーズが誕生した経緯《けいい》について書かれています。

2 (1) 「これを『ぶつぶつこうかん』と いう。」とありますが、直前では例を挙げているだけなので、2～3行目を使ってまとめます。
(2) 直前の「そこで」に着目。前の内容があとの部分の理由となることを示す順接のつなぎ言葉なので、「かんがえだされた」理由は前にあります。
(3) こそあど言葉の指す内容は、その前の部分から探すのが原則です。
(4) 直前の「これ」の指示内容をつかみます。「これ」＝「だれもが おなじ かちを みとめる もの」とはつまり、「お金」のことです。

注意する言葉 おたがい・かち・なかだち

ハイレベル＋＋

76・77ページ

1 (1)草むらや、やぶの 中
(2)あウ いイ うア
(3)あ1 い3 う2
(4)ドングリ・コスモス・マツヨイグサ〈順不同〉
(5)例たかい くきや えだから おちる ほうほう。
例ほそくて かぜに ゆれやすい くきや えだから おちる ほうほう。〈順不同〉

考え方

1 (1) こそあど言葉の原則に従って、前の部分から指示内容を探します。見当をつけたらこそあど言葉と置き換《か》えて、文意が通るかどうかを確かめましょう。
(2) あ11～13行目に着目。「あざやかな いろを した み」は、目立つ色で鳥をひきつけ、食べられることによって種を運んでもらうのです。
い14～16行目に着目。「みの 一ぶが、かぎや とげに なった もの」は、動物の体にひっかかることで、遠くへ運んでもらうのです。

う17～18行目に着目。「うもうや つばさを もった みの たね」は、風の力で遠くまで運んでもらえるように、羽毛《うもう》や翼《つばさ》を備えているのです。
(3) 「『おちる』だけの みや たね」が群れを広げていく方法については、19行目以降で述べられています。選択肢《せんたくし》にある三つの事柄《ことがら》が、それぞれどの順で書かれているかを確認《かくにん》しましょう。
(4) 20行目の「などのように」という、例示を表す言葉に着目。直前で、「『おちる』だけの みや たね」を持つ植物の例が挙げられています。
(5) 「……とか、……と いった ほうほうで、できるだけ、とおく おちる」という表現に注意しましょう。「……」の部分で、二つの方法が説明されていることがわかります。

注意する言葉 じゅくす・しくみ

16 なにが かいて あるかを つかもう

標準レベル＋　78・79ページ

1 (1)内がわ・明るさ　(2)ウ

(3)例金星は 厚い 雲で、びっしり おおわれて いるから。

2 (1)例おやゆびが、ほかの ゆびと (きちんと) むかいあえる ところ。

(2)チンパンジー・オランウータン・ゴリラ〈順不同〉　(3)ウ

(4)例おやゆびの つけねに ある きんにくの かたまり

考え方

1 (1) 空欄《くうらん》に当てはまる言葉を埋《う》める問題では、空欄《くうらん》の前後の言葉と同じか似た言葉を文章中から探します。一つ目の空欄《くうらん》は、文章中の「地球のすぐ 内がわを まわる 金星」という部分と対応しています。二つ目の空欄《くうらん》は、文章中の「惑星一《わくせいいち》の 明るさ」という部分と対応しています。

(2) ①の前には月と似ているところ、あとには月とは違《ちが》うところが書かれているので、逆接のつなぎ言葉「でも」が当てはまります。

(3) 直後の一文の文末が「……からです。」と理由を説明するときの言い方になっていることに着目しましょう。この文が――線②の理由です。「金星には 厚い 雲が かかって いる ため。」などでも正解です。

2 (1) 直前の「ここ」というこそあど言葉が、「おやゆびが、ほかの ゆびと きちんと むかいあえる」ことを指していることをつかみます。

(2) 「……など、ヒトに ちかいと いわれる サルの なかま」とあるので、「など」の前にサルの仲間の具体例が示されているとわかります。

(3) ③の前ではサルの仲間にできることを、あとではできないことを述べており、前後が反対の内容となるので、逆接のウが入ります。

(4) 「この きんにくの かたまりが……うごかして いる」とあるので、「この」の指示内容を補って、模範《もはん》解答のようにまとめます。「この きんにくの かたまり」と、そのまま書いてはいけません。

ハイレベル＋＋　80・81ページ

1 (1)例木材と して 売る ために 木が 切られるから。

例アブラヤシなどの 畑を つくる ために 木が 切られるから。

例森林火災が ひんぱんに おきるように なったから。〈順不同〉

(2)イ

(3)例食べものを さがす ことが できなく なる。

例オスと メスが 出会うのが むずかしく なり、生まれる 子どもの 数が へる。

(4)ア　(5)子ども・母親

考え方

1 (1) 第一段落に「……たり、……ために 木が 切られ、森が きえています」とあります。ここから、木が切られる理由を二つに分けてまとめましょう。三つ目の理由は、――線①の直後に書かれています。

(2) 12行目に「火災が おきやすく なって いる 原因は……」とあることに着目しましょう。イの内容はもっともらしいですが、文章中に書かれていないことなので、正解ではありません。

(3) 直後の段落に着目しましょう。「食べものがさがせなくなる」「オスとメスが出会えなくなり、子どもの数がへる」ということが書けていれば正解です。

(4) (3)で見たように、④の前後では森がないとオランウータンがどうなるかが並べられています。前の事柄《ことがら》と並べるときのつなぎ言葉「また」が当てはまります。

(5) 最後の段落に着目しましょう。森を切り開いてつくられた農地は見晴らしがよいので、人間に見つかりやすくなります。その結果、子どもはペットとして売るためにつかまってしまい、母親は殺されてしまうこともあるのです。

17 だいじな ところを つかもう

標準レベル＋ 82・83ページ

1 (1)例よい たねを えらぶ。
例(えらんだ) たねを しょうどくする。 〈順不同〉
(2)例土の 中に 水ぶんが おおすぎると、空気が ふそくして、めを だす ことが できないから。
(3)ア

2 (1)例(ちきゅうの れきし はじまって いらい)ちじょうでは もっとも 大きな きょうりゅう。
(2)ウ
(3)ウ

考え方

1 (1)「まず」「そして」というように、直後で二つのことを述べています。「びょうきに かからないように」という要素を付け加えていても可。
(2)「ムギの たねは、めを だす ときに たくさん さんそを ひつようと するから。」などでも正解です。
(3)ムギの種まきに際しての留意点が書かれた文章なので、アが○。

2 (1) 4行目までの部分でどんな恐竜《きょうりゅう》かが書かれています。「おなじ なかまの ディプロドクスと ともに」という部分は不要です。
(2) 9～13行目で「はの ようす」が説明されています。「ライオンの きばのように、とがった は」を「上下に 三十本も もって いた」は、ブロントサウルスではなく、アロサウルスの歯についての説明です。
(3)「草や 木の めを ひきちぎる やくめしか はたさない」ということは、草や木の芽のようなものしか食べられないということです。よって、ウが○。アやイのような内容は、文章中で述べられていません。

ハイレベル＋＋ 84・85ページ

1 (1)例ひやさずに ほうって おくと、とけて 水のように なる こと。
(2)イ (3)例れいぞうこの 中の とくに よく ひえる ところ。
(4)ア (5)ウ
(6)例はもので こおりを かいて、シロップを かけた もの。
(7)例こおりの かけらが 小さいから。
(8)(たいへん) 小さい こおりの つぶ

考え方

1 (1)直後の一文で、共通点が説明されています。「どんな こと」ときいているので、文末を「……こと」で結びます。
(2)「どう なるでしょうか」という問いの答えはこれよりあとにあります。一度溶《と》けたものを冷凍庫《れいとうこ》に入れても、「こおりのように かたまり」「もとの ソフトクリームには もどりません」と書かれています。
(3)直前に着目。「れいぞうこの 中の とくに よく ひえる ところ」と説明をしてから、「れいとうこ」と名前を挙げているのです。設問文の「どんな ところ」に合わせて、文末を「……ところ」とします。
(4)こそあど言葉の原則通り、前から指示内容を探します。「さいころが たの こおりを れいぞうこで つくる とき」と同様に、溶《と》けたソフトクリームを凍《こお》らせた場合も、とても硬《かた》い塊《かたまり》になってしまうというのです。
(5)⑤以前と以後では話題が転換《てんかん》するので、「では」が入ります。
(6)26～28行目で説明されています。「氷をかく」という内容が書けていれば、「シロップをかける」はなくても正解とします。
(7)直前の「ですから」に着目。その前で「かたいとは かんじない」理由を述べていることを示します。文末を「……から」などとします。
(8)直後の「……から できた」に着目。アイスクリームが何からできているかは、「アイスクリームも……」(35行目)の一文に書かれています。

チャレンジテスト 86・87ページ

1 (1)ウ　(2)ウ

(3)ゾウ…[例]おくから　まえに　おし出す　かたち。

ほかの　どうぶつ…[例]あたらしい　はが　ふるい　はを　下から　おし上げる　かたち。

(4)④くび　⑤あたま

(5)イ

(6)[例](くびが　みじかいと、)水を　のむ　ときや　草を　たべる　ときに　口が　とどかないから。

考え方

1 (1)「石うす」については、「石うすと　いうのは……」(3行目)以降で、どういうものかということが説明されています。ここでは大豆からキナコができるまでを具体例として述べています。「上の　あなの　中に」入れたものが、「とっ手を　グルグルと　まわすと、上下の　デコボコで」「すりつぶされて」細かい粉になるという働きがある、ということが読み取れれば、**ウ**が正解だとわかるでしょう。**イ**「デコボコをなくす」とありますが、「デコボコ」なのは石うす自体であって、中に入れたもののデコボコをなくすわけではありません。

(2) ②の前後の内容が、どのような関係になっているのかを読み取ります。空欄《くうらん》の前で「(石うすの)　かさなって　いる　すきまから」出てくる「こな」とよんでいるものを、空欄《くうらん》のあとでは、「キナコ」と一語で言い換《か》えています。よって、前で述べた内容を、続く部分で簡潔に言い換《か》えるときに用いる、説明のつなぎ言葉「つまり」が入ります。

(3) ゾウとほかの動物の歯の生え変わり方の違《ちが》いを正確におさえましょう。

・ほかの　どうぶつ

「あたらしい　はが　ふるい　はを　下から　おし上げる　かたち」(16行目)

・ゾウ

「おくから　まえに　おし出す　かたち」(19行目)

＝「水へいちかん」(水平置換《ちかん》)(18行目)

「どんな　かたちで」ときかれているので、文末を「……かたち」という言葉で結びましょう。「生がいに　六かい　生えかわる」(20行目)ことは、書いても書かなくてもかまいません。

(4) 25～30行目の「うでを　まっすぐに　のばして　ほうがんをもって」いる話が、ゾウが重い頭を首で支えていることについて述べるためのたとえであることを読み取りましょう。重い砲丸《ほうがん》を持つときに腕《うで》を体に引き寄せたほうが楽であるのと同様に、ゾウの場合も、一トンもある頭を支えるには、首が短くて太いほうが楽だというのです。よって、

・砲丸《ほうがん》＝とても重いもの　→　ゾウの頭のたとえ

・腕《うで》＝重いものを支えるもの　→　ゾウの首のたとえ

という対応関係になります。

(5) (4)で確認《かくにん》した、「腕《うで》＝ゾウの首」「砲丸《ほうがん》＝ゾウの頭」という対応に留意しながら25～30行目を読みます。「ゾウの　くびは　みじかくて　ふといのだ」の前に、「だから」という、直前に理由が書かれていることを示すつなぎ言葉があります。重いものを持つときは腕《うで》を体に引き寄せたほうが楽だから、ゾウの首は短くて太いのです。つまり、重い頭を支えるには「支える部分＝首」が短いほうが楽だということになります。よって、**イ**が正解です。

(6) 前に述べたことが原因で、結果としてあとの事柄《ことがら》が起こることを表す順接のつなぎ言葉「そこで」(34行目)に着目。この直前に理由が書かれているとわかります。ゾウの鼻が長くなったのは、31～33行目にあるような、首が短いために起こる問題が起こらないようにするためです。「飲食するときに」という内容を入れてまとめます。理由を問う設問なので、文末は「……から」「……ので」「……ため」のいずれかで結びます。

! 注意する言葉　すりつぶす・ひきよせる

18 ものがたり文の カギを 手に 入れよう

標準レベル

88・89ページ

1
(1)イ・エ・カ・ク
(2)あ例おかあさんに だっこして もらう こと。
い例ヒロは おねえちゃんだから。
(3)だっこ
(4)あ例おねえちゃんより、あかちゃんの ほうが いいと いう こと。
いウ

考え方

1 (1)「アイちゃんは」が主語になる文に着目して読み取ります。

(2) あ「『あたしも だっこして。』って……いいたい」(15行目)に着目します。「おかあさんに」という言葉を入れましょう。文末は「……こと」とします。「おかあさんに 『あたしも だっこして。』と いう こと。」などでも正解です。

い直前に「おねえちゃんですから、いえません」とあります。赤ちゃんであるアイちゃんが優先されてしまい、おねえちゃんであるヒロは、我《が》慢《まん》せざるを得ない状況《じょうきょう》であることを読み取りましょう。

(3) おとうさんがアイちゃんをだっこしてお風呂《ふろ》に入っているのを見て、「あたしも、□して もらいたい」と思ったことから考えます。

(4) あ直前の「 」の言葉がヒロの思ったことです。文末は「……こと」とします。「あかちゃんに なりたい」などの書き方でも正解です。

い話全体の流れを振《ふ》り返ります。ヒロは、お父さんやお母さんがアイちゃんをだっこしているのを見て、赤ちゃんになれば自分もお父さんやお母さんに甘《あま》えられると思っていることを読み取ります。

ハイレベル

90〜93ページ

1
(1)ア・ウ
(2)例まいあさ マラソンの れんしゅうを して きたから。
例ゆうしょう できるかも しれないと おもったから。〔順不同〕
(3)例はしる はやさを かげんしなくては いけない ところ。
(4)②びゅんびゅん ④はあはあ
(5)三しゅうめ
(6)ア
(7)イ
(8)うれしい こと…例一とうしょうに なった こと。
くやしい こと…例一とうしょうが 野村くんと ふたりだと いう こと。
(9)例野村くんが くるしい ゴールインの しゅんかんに たかしを みて いて くれた ところ。
例一とうしょうは たかしだと、しょうじきに おしえて くれた ところ。〔順不同〕
(10)う (11)イ

考え方

1 (1)(2) 7〜12行目に着目します。「はりきって い」たのは、「この 日の ために、まいあさ おにいちゃんと、マラソンの れんしゅうを して きた」からです。「むねの どきどきが、とま」らなかったのは、緊張《きんちょう》しているからで、それは「もしかしたら ゆうしょう できるかもしれない。」と思ったからです。(2)は、文末を「……から」「……ので」「……ため」としましょう。

(3) 2〜6行目に着目します。「かけっこと ちがって、すこし ゆっくり はしるが、あまり のんびりして いては だめな ところ。」などでも正解です。

(4) ②直前に「からだが　かるくて」とあるので、風を切って速く走る様子を表す「びゅんびゅん」が当てはまります。④直後に「くるしそうないき」とあるので、「はあはあ」が当てはまります。

(5) 「三しゅうめの　とちゅう」（18行目）で振《ふ》り返ると、「野村《のむら》くんがすぐ　うしろに　せまって　い」ました。

(6) 「それ」は、直前の文の「足が　おもくて、むねが　くるしくて、おもったほど　スピードが　だせません」を指しています。

(7) 39行目の「まけないぞ。まけるもんか。」が、このときのたかしの気持ちです。

(8) 直前の「ふたり　いっしょに、一とうしょうか。」に着目します。一等賞であることはうれしいのですが、一等賞が自分だけでないことが悔《くや》しかったのです。文末は「……こと」とします。

(9) 直後に二つ続けて書かれています。「ゴールインの　しゅんかん、あんなに　くるしかったのに、野村《のむら》くんは、きちんと　たかしを　みていて　くれた」「一とうしょうは　たかしなのだと、しょうじきにおしえて　くれました」とあるので、この二つをそれぞれまとめます。「どんな　ところ」ときかれているので、文末を「……ところ」とします。

(10) 野村《のむら》くんが「かっこいい」ことを言ったりしたりした部分を探します。一等賞はたかしだと正直に教えてくれた場面で、「かっこいい」と思ったのです。

(11) 野村《のむら》くんとのやりとりや、そのときのたかしの気持ちから考えます。野村《のむら》くんが正々堂々と勝負してくれて、スポーツマンにふさわしい態度だったので、「とても、さわやかな　きもち」になったのです。

！注意する言葉　力かげん・だんぜん・てれくさい

19 せつめい文の　カギを　手に　入れよう

標準レベル＋　94・95ページ

1 (1) 例 ねもとから　たばに　なって　生えて　いる。
(2) 例 まきや　すみを　とる
(3) イ
(4) あ ア
い 例（まきや　すみを　つかわなく　なって）林の　手入れが　いきとどかなく　なり、うっそうと　くらい　林が　ふえた
(5) 例 人が　だいじに　手入れを　して　りようして　きた

考え方

1 (1) こそあど言葉の指示内容を直前に着目して探すと、「どの　木もみんな　ねもとから　たばに　なって　生えて　いる」とあります。

(2) 「さと山の　林は、もともと　しんたん林と　よばれて、まきや　すみを　とる　ために　まもり　そだてられて　きた　林です。」とあります（「しんたん林」は漢字で書くと「薪炭林」です）。

(3) 直前の「……など」に着目しましょう。この前に挙げられた「草はら」「林」「草ち」「田んぼ」「小川」「いけ」など、里山にいろいろなものが交じり合って存在している状態を、「パズル」にたとえて表現したのです。よって、イが正解です。

(4) 直前の「そう　なると」に着目して答えます。あうっそうとした暗い林が増えたという前の内容を受けて「へった」というのですから、減ったのは明るい場所が好きな植物や生き物だと考えられます。い「そうなると」が指す27～30行目の内容をまとめます。

(5) 直前に、理由が書かれていることを示す「……から（こそ）」という表現があることに注意。「人が　だいじに……りようして　きたから」（35行目）が、里山が生き物たちの楽園となってきた理由です。

❶ (1)あ例空気の（ふつうの）とおりみち。
い（しめった）はなげ
(2)ウ
(3)あ2　い1　う3
(4)例空気中の　よごれを　とりのぞく　やく目。
例つめたい　空気を　あたため、かわいた　空気に　しめりけを　あたえる　やく目。〈順不同〉
(5)ア

考え方

❶(1)　あ直前に「いきを　する　ときの、空気の　ふつうの　とおりみち」とあります。
い答えが少し離《はな》れたところにあるので、注意しましょう。11行目に「はなの　あなの　入り口」という言葉が出てきます。鼻の穴の入り口には、「しめった　はなげ」が生えていて、「ほこりや　小さい　ごみ」をつかまえるのです。

(2)　「はなの　中の　ようす」については、18行目以降で説明されています。「あなの　おくは、みんな　おなじように、大きい　へやに　なって　います」（19行目）とあるので、**ア**は×です。人によって違《ちが》うのは、「はなの　かたち」です。「はなは　一つなのに、あなが　二つ　あるのは、はなの　まん中に　しきりの　かべが　あって、左右の　へやに　わかれて　いるから」（21行目）とあるので、**イ**は×で、**ウ**が正解です。

(3)　「空気を　きれいに　する　しくみ」についての説明は、9行目から始まっています。
・鼻の穴の入り口に生えている鼻毛が、ほこりやごみを取り除く＝い（11〜13行目）
・狭《せま》く仕切られた鼻の中を、吸い込《こ》んだ空気が通り抜《ぬ》ける＝あ（30〜32行目）
・空気中の汚《よご》れは、鼻の穴全体で取り除かれる＝う（14〜17行目）
以上のような流れなので、い→あ→うとなります。

(4)　最後の段落に「……ことも、はなの　たいせつな　やく目に　なって　います」とあります。鼻の役目は、「空気中の　よごれを　とりのぞく」ことと、「つめたい　空気を　あたため、かわいた　空気に　しめりけを　あたえる」ことです。「やく目を……かきなさい」とあるので、文末は「……やく目」「……こと」のようにしましょう。

(5)　第一段落から「はな」「はなの　あな」という言葉が何度も繰《く》り返されています。「はなは、すいこんだ　空気の　よごれを　とりのぞく　ところ」（9行目）とあり、そのあとで鼻の機能について述べているので、**ア**「はなの　はたらき」がこの文章の話題だといえます。**イ**「しめった　はなげ」、**ウ**「よごれた　空気」は鼻の働きを説明するときに用いられた表現で、文章全体の話題ではありません。

❗注意する言葉　さっぱり・しくみ・いやでも

チャレンジテスト

98〜101ページ

1

(1)イ　(2)ウ

(3)例ジャッカルが、エルフの　なきごえを　ライオンだと　おもって　にげて　いったから。

(4)例ジャッカルが　また　きたと　おもったから。

(5)例ほんとうの　ライオンが　あらわれたから。

(6)イ・ウ

(7)あ例(うまのように　つよい)あしと(おのより　こわい)くちばし。
い(するどい)　きばと　つめ。

(8)ウ

(9)例あしを　いっぽん　くいちぎられて、いたかったから。

(10)イ

(11)例子どもたちと　あそんだり、みんなの　しごとを　てつだったり、えさを　さがしたり　する　こと。

(12)例なんとなく　みんなから　わすれられて　いった。

考え方

1

(1)　前後の部分に着目して、出来事の流れをおさえます。ジャッカルが襲《おそ》ってきた（1行目）→エルフがライオンの鳴き声の真似《まね》をした（3行目）→ジャッカルが逃《に》げていった（7〜9行目）となることから、エルフがライオンの真似《まね》をしたのは、ジャッカルを追い払《はら》うためだとわかります。

(2)　「しっぽを巻く」は、かなわないと思って逃《に》げ出すという意味の慣用句。「舌を巻く（ひどく感心する）」と混同しやすいので、注意しましょう。

(3)　みんなが、ジャッカルが逃《に》げていったことに対して笑っていることから考えます。単に「ジャッカルが逃《に》げた」と書いただけでは不十分です。ジャッカルが逃《に》げたことによる安心感とともに、エルフの鳴き真似《まね》にだまされたジャッカルのまぬけさも笑っていたのです。理由をきいているので、文末を「……から」「……ので」「……ため」にします。

(4)　「また　きたな、ジャッカルの　やつ。」から、再びジャッカルが来たと思ってエルフがほえたのだとわかります。

(5)　「すぐ　ちかくに　あらわれたのは……ほんとうの　ライオンでした」（21行目）から考えます。

(6)　――線⑥で、エルフはみんなを逃《に》がし、独りでライオンに立ち向かおうとしています。ここから、勇敢《ゆうかん》で仲間思いの性格が読み取れます。

(7)　エルフとライオンが戦っている場面に着目し、33〜36行目から読み取ります。エルフは、「あしとくちばし」、ライオンは「きばとつめ」の二つがそれぞれ書けていれば正解です。

(8)　――線⑦が、エルフとライオンの戦いのシーンであること、直前の「ギャオー　ワォー」の叫《さけ》び声や、草が飛び散ったり砂煙《すなけむり》があがったりする様子から、戦いの激しさを想像しましょう。

(9)　「あしの　いっぽんが　くいちぎられて」（48行目）、「いたみを　こらえて」（51行目）に着目しましょう。「あしを食いちぎられたこと」「そのあしが痛むこと」の二つが書けて正解です。理由をきいているので、文末を「……から」「……ので」「……ため」にします。

(10)　「みんな　ぶじで　ほんとに　よかった。」（50行目）から、エルフが自分のことはさておき、仲間の無事を喜んでいることがわかります。

(11)　「かたあしでは……」から始まる段落に着目しましょう。「子どもたちとも　あそべません」「しごとの　おてつだいも　できない」「えさを　さがすのだって　たいへんな　くろう」とあります。この三つができなくて苦しいのです。三要素そろって正解です。「どんな　こと」と問われているので、文末を「……こと」とします。

(12)　「エルフは　日が　たつに　つれて、なんとなく　みんなから　わすれられて　いきました。」（67行目）とあります。「わすれられた」ことが書けていれば正解です。

注意する言葉　しっぽをまく・ふりみだす・うずくまる

チャレンジテスト 102〜104ページ

1 (1)森の そうじや
(2)例食べものが なければ 自分自身も 生きて いけないし、子どもを そだてる ことも できないから。
(3)ウ
(4)ゆたかな・苦労・ありがたい
(5)例人間の そばで くらせば、食べものが かんたんに 手に はいる
(6)天敵・子そだて・ビル(高い ところ)
(7)イ

考え方

1 (1) 直後の段落に「ハシブトガラスは、小さな 動物の 死体を まっさきに かたづけて くれる 森の そうじやでした。」とあります。森をきれいにしてくれることから、「森の そうじや」といわれているのです。

(2) 直後の一文に、「食べものが なければ」どうなるかが説明されています。「自分自身も生きていけない」ことと「子どもを育てることもできない」ことが書けていれば正解です。どちらかが欠けていてはいけません。また、「なぜですか」ときかれているので、文末は「……から」「……ので」「……ため」などとしましょう。

(3) 段落の初めに入る言葉を考えるときは、直前の段落の内容にも着目しましょう。空欄《くうらん》の直前の段落には「森には、いつも じゅうぶんな 食べものが ある わけでは ない」ことと「たよりに する 自然の 森は どんどん へって い」たことが書かれています。また、空欄《くうらん》の直後には「人間が くらしを ひろげて きて……森の 近くに すみつくように な」ったことが書かれています。ハシブトガラスが森にすみにくくなった理由が重ねられているので、物事が重ねて起こるときに使う言葉である「さらに」が当てはまります。

(4) 空欄《くうらん》に当てはまる言葉を埋《う》める問題では、空欄《くうらん》の前後の言葉と同じか似た言葉を文章中から探します。一つ目の空欄《くうらん》は、21行目の「よだれがでそうなほど ゆたかな 食べもの」という部分と対応しています。二つ目と三つ目の空欄《くうらん》は、27〜29行目の「苦労を しないで 手に はいる、ありがたい 食べもの」という部分と対応しています。

(5) 直前に「そう 気づいた」とあるので、「そう」が指し示す内容をとらえて答えましょう。ハシブトガラスが気づいたのは、直前の「人間の そばで くらせば、食べものが かんたんに 手に はいる」ということです。たくさんの人間が暮らしていれば、食べ残しもたくさん捨てられると思ったのです。

(6) ——線⑥のあとの二段落に着目しましょう。都会がハシブトガラスにとってすみやすい、食べ物以外の理由は、
・森では天敵だったタカやフクロウがいない。→一つ目の空欄《くうらん》
・巣をつくる場所もあり、子そだても安心してできる。→二つ目の空欄《くうらん》
・高いところ（＝ビル）から見下ろして、食べ物を見つけることができる。→三つ目の空欄《くうらん》
の三つです。すみやすい場所の条件が、都会にはたくさんそろっているのです。

(7) 文章の題名をとらえるときは、何が話題になっているかを考えましょう。話題をとらえるときは、「なぜ……でしょう。」や「……について見ていきましょう。」などの形の文が手がかりになります。文章を読んでいくと、7〜8行目に「ハシブトガラスが 都会に でて きた 理由を かんがえて みました」とあります。これは「ハシブトガラスは、なぜ 都会に でて きたのでしょう」と言い換《か》えることができるので、この文が話題を表していることがわかります。筆者は、ハシブトガラスが森で暮らす方法を模索《もさく》しているわけではないので、**ア**は不正解です。また、人間とハシブトガラスの共生を目ざす内容でもないので、**ウ**も不正解です。

しあげの テスト(1)

巻末《かんまつ》折《お》り込《こ》み

1 ①あ→お ②ぬ→め ③ほ→は ④る→ろ ⑤れ→わ

2 ①イ ②ウ ③ア ④ア ⑤ウ

3 ①ア ②イ ③イ ④ウ ⑤イ

4 (1)こうえん
(2)ウ
(3)あそこ
(4)例けれど

5 (1)例ちがう 生きものどうしが、いっしょに くらして いる こと。
(2)ア
(3)ウ
(4)あアブラムシ いにおい
(5)しんめ
(6)イ
(7)あたすけあう (かんけいに ある)
いつごう うしょくぶつ

考え方

1 形の似ているひらがなに注意しましょう。③横画が一画あるかないかで、別のひらがなになるので、気をつけましょう。⑤「わ」と似ているひらがなには、「れ」のほかに「ね」があります。

2 ①**ア**は「はち」、**ウ**は「はい（る）」などと読む漢字です。②**ア**は「め」、**イ**は「ひ」などと読む漢字です。③**イ**は「ひだり」、**ウ**は「いし」などと読む漢字です。④**イ**は「てん」、**ウ**は「おう」と読む漢字です。⑤「木」という部分がいくつあるかで、違《ちが》う漢字になります。**ア**は「き」、**イ**は「はやし」などと読む漢字です。

3 ①**ア**は、正しくは「おとうと」と書きます。②**イ**の「わ」は助詞なので、「は」と書きます。③**イ**の「え」は助詞なので、「へ」と書きます。④オ段の音を伸《の》ばす場合は、「う」を添《そ》えるのが普通《ふつう》です。**ウ**は「ようす（様子）」と書きます。⑤**イ**は「こんにちは」と書きます。

4 (1)「そこ」は場所を指し示すこそあど言葉です。
(2)「いつもはぼくたちが遊んでいる」「今日は四年生ぐらいの男の子たちが野球をしているから遊べない」というように前後が対立するので、逆接のつなぎ言葉が入ります。
(3)遠い場所を指し示すこそあど言葉が入ります。ここでは、「少し遠いところにある川原」を指し示す言葉を当てはめます。
(4)「遠いところであるにもかかわらず川原まで行く」という文脈なので、逆接のつなぎ言葉が入ります。「けれど」のほかに「が」「けれども」などでも正解です。

5 (1)1～2行目で、「ちがう 生きものどうしが……ことを きょう生と いいます。」と説明されています。「どんな こと」ときかれているので、「……こと」と答えます。
(2)3行目の「アブラムシは」に着目して、そのあとの内容を読み取ります。**イ**は、アリがアブラムシにしてあげることです。
(3)［①］の前で述べた「かたほうに とっては なんの やくにも たって ない ばあい」の例として、直後でエイコアブラハバチを挙げているのです。よって、例を挙げていることを示す**ウ**「たとえば」が正解です。
(4)14～19行目の「エイコアブラハバチのように……ものも います」の部分の内容を読み取ります。
(5)こそあど言葉の原則に従って、直前から指示内容を探します。
(6)カラスノエンドウとアリの共生について書かれている第五段落から読み取ります。**ア**は、「たねを はこんで あげる」とは書かれていないので、×。**ウ**も、新芽を食べるのは「ほかの こん虫」（30行目）なので、×です。
(7)アリの世界の共生についてまとめている第四段落と、アリと植物との共生について触《ふ》れている第五段落に着目して読み取ります。

しあげの テスト⑵ 巻末《かんまつ》折《お》り込《こ》み

1 ①ソ→ン ②ツ→シ ③マ→ア ④ウ→ラ ⑤チ→テ

2 ①小 ②下 ③女 ④左 ⑤出

3 (1)ア
(2)①おはようございます。
②例くれました
(3)「みきさんは げんきが いいですね。」

4 (1)ぼくは
(2)ア
(3)いいました
(4)例ぼくは それまで チームの グローブを つかう ことに しました。

5 (1)とおれる
(2)ウ
(3)あひみつきち いすてき
(4)イ
(5)足あと
(6)イ

考え方

1 ①二画目を上から下に払《はら》うと「ソ」、下から上に払《はら》うと「ン」になります。②「ツ」と「シ」は、筆順にも注意しましょう。⑤「テ」は一画目と二画目を平行に書きます。

2 ①「大きい」の反対の意味の言葉は「小さい」です。③「女」は「く女女」と書きます。④「右」と「左」は、一・二画目の筆順が異なるので注意しましょう。「右」は「ノナ右」、「左」は「一ナ左」と書きます。

3 (1) 句点は文の終わりに、読点はそれ以外の切れ目につけます。
(2) ①「おはよう」や「ありがとう」を丁寧《ていねい》に言うときは、「ございます」をつけます。②丁寧《ていねい》な言い方にするときは、文末を「です・ます」にします。
(3)「 」をつけるのは、会話や書名、引用などを表す場合です。

4 (1) 主語を表す言葉には、「……が」「……は」などがつきます。
(2)「いちばん」をア～ウの直前に入れてみて、最も自然に意味が通る場所を探します。
(3) 主語と述語の間に会話文をはさんでいるので注意しましょう。
(4)「チームの グローブを」「つかう ことに しました」のように、まずは切り離《はな》せない文節どうしをまとめます。次に、そのまとまりごとに順序を考えます。「それまで ぼくは チームの グローブを つかう ことに しました。」などの順でも正解です。

5 (1) 直後に「ひとりが ぎりぎり とおれるぐらいの すきまだ。」とあります。
(2)「ほそべくんは、コートと、すきまを みくらべた。よごれるの、気に してるみたい。」という部分から、すきまを通るとコートが汚《よご》れてしまうのではないかと困っている、ほそべくんの気持ちが読み取れます。結局はこのあと「あたし」のあとについてすきまを通っていくので、**イ**「なきだしそうな こえ。」ではないと考えられます。
(3)「三かくあきち」は、直後にあるように、本当は「四ごうとうの ベランダから まるみえだから、ひみつでも なんでも ない」のです。しかし、それをあえて「ひみつきち」というのが「すごく すてきに おもえた」ので、胸を張っているのです。
(4)「だれの 足あとも ついて いない」(12行目)ところに初めて足あとをつける、楽しく弾《はず》んだ気持ちを表す言葉を選びます。
(5) 残したいものは、直前に書かれています。
(6) ほそべくんは、足あとが残せたらいいと言う「あたし」に、「そりゃむりでしょ。」などと言う、少しそっけないところのある男の子ですが、一緒《いっしょ》に探検をするような仲のよい友達なのです。

2 1 0 9 8 7 6 5 4 3
* * D C B A